中國宗族制度

——兼論香港新界的祖堂

薛浩然 著

謹以此書獻給

薛劉麗芳女士

以誌永遠的懷念

目　錄

鳴　謝

　　《中國宗族制度——兼論香港新界的祖堂》一書能夠成書，我想感謝三位人士。

　　首先，是新界鄉議局的已故主席劉皇發先生。他把一生精力都投放到新界族群的福祉事業上。隨著新界都市化發展，新界廣大農村氏族社會無可避免地受到衝擊，城鄉矛盾擴大。他擔心優秀的中華傳統文化日漸衰微。作為氏族經濟共同體的祖堂土地更因政府以公眾利益為借口，通過法例的修訂，將原有合法的土地擁有權和使用權變為非法，令新界的中國傳統的宗族制度和祖堂面臨消亡的危機。是故他主動提出要在鄉議局內成立一個研究中心，研究新界宗族制度的內涵，特別是祖堂制度所面對的挑戰和機遇。余適逢其會，獲劉皇發賞識，主理研究中心，在他的引領下，對有關歷史和宗族制度和祖堂等進行深度研調。今劉氏雖已作古，但知遇之恩，未敢忘懷。

　　第二位乃王滬寧先生，是我國傳統讀書人「學而優則仕」的典範，但其於上世紀九十年代（1991）出版的一本名為《當代中國村落家族文化：對中國社會現代化的一項探索》一書，通過大量的實地調查研究，有助海外內學人了解在中國共產黨領導下的新中國，在經歷了農村土地改革、人民公社、文化大革命的破舊立新和改革開放等一連串的政

治、經濟衝擊下，大陸村落家族文化發展和變化。在中國大陸和香港，經歷重重波折下，宗族制度的優良傳統依然生生不息，有著無限的生機，使我對中國的宗族制度的前景充滿憧憬。因為一個經歷過內憂外患的偉大民族復興，必然有其特殊性和優秀傳統文化的傳承作為它的支點。

第三位是吾兄長薛鳳旋教授，史地學者，桃李滿門，退休後專注文化地理學研究，並著有專書《中國城市文明史》。該書啟發和加強了我對中國宗族制度研究的興趣。在是書撰寫期間，經常給予鼓勵，支持和提出有用的意見，僅以表示衷心謝意。

此外，我還要衷心感謝很多友好們對是書的支持和關心，是使我完成這本書的動力來源。

最後，我亦感謝劉淑芬女士在寫作期間協助資料蒐集和文字整理。此外，對梅釗妍女士幫忙打字和設計亦在此表多謝。

自　序

　　余幼時，旁聽於一私塾，當時的一位帶有濃厚北方口音的老師（相信是從北方逃難來香港的文人），經常叨唸著這一段話：「中華，中華，我們同胞的老家。歷史悠久，文化深厚，這是我們國族所以能屹立數千年不敗的脊樑」。雖然不明所以，但這些話卻深印腦海，於今不忘。每逢清明重陽，幼小的我都跟隨父輩攜帶花束和香燭前往掃墓，並在一些我不知是誰的墓前叩拜，聽長輩說這是叫慎終追遠，為人後輩者，不能忘本。當時的我，所特別關心者，乃完事後家中近親們圍在一起，吃一頓難得一嚐的豐富食物。

　　及長，開始接觸中國歷史，漸次明白這是我國傳承了四千多年的祖先崇拜，及其發展出來的宗族制度的體現。

　　中國宗族制度，源遠流長，可上溯至夏商時期，後經西周將宗族制度臻了一步，以宗法制度將其完善。其中的嫡長子繼承法改變以往的兄終弟及制度，定下了父子相續的繼承法，大大減少因皇位繼承而引致宗室成員權力爭鬥的政治動盪；其同姓不婚的規定，也減少了因近親繁殖而帶來的生理危險。在夏、商時期的祖先崇拜，更把尚鬼習俗等進一步系統化和制度化，從而發展出一套禮教，即社會秩序，讓每個人的行為或行事皆有遵從。

　　宗族制度更由敬祖畏天，演化出「孝」和「德」的倫理思想，經孔子和其弟子修整，成為中國的儒家思想。雖然中國政體上的封建制度因周朝中央的瓦解而由秦始皇的郡縣制所取代。但中國宗族制度在經歷四千多年的朝代更替仍歷久彌新，沒有因改朝換代而消聲匿跡。何以故？因為綜觀二十四史所記錄的政權或朝代興亡，實質而言只是中央的統治權由一家一族轉移到另外一家一姓而已，其背後的中華民族的道統依舊一脈相傳。是以宗族制度的思想內涵及其精粹，不因一朝一國之興亡而廢掉。在中國，一個讀書人，一個村夫或一個目不識丁的販夫走卒，歷來都懂得慎終追遠。除非有深仇大恨，國人絕不會挖人祖宗山墳。雖然偶有兄弟鬩牆，但都會知道外禦其侮的道理。

　　中華民族自詡為禮義之邦，其根實乃源自夏商周三代以來的宗族思維及其相關的宗法制度下的「德」、「禮」與「孝」的思想。它塑造了我國的道德規範和社會秩序。在漢武帝頒令「以孝治天下」的指導思想下，歷朝歷代都奉為圭臬。百行孝為先，更是世界各民族中，只有中國所特有。而往後的中國的一切制度，包括政治、經濟、軍事、教育和民生等都與此有莫大關聯。因此，研究中國宗族制度的嬗變和其內涵，是了解這個民族，這個國家為何能延續至今的關鍵。

　　一般而言，一國的統治權變了，一些已確立制度的背後的基本原則會保持不變，因為人民還是那些人民。當然，一個時代有一時代的特色，有所「因革」是必然的道理。例如清承明制，但不等於全盤接收，而是因應當時的政治、社會、經濟和民生等環境的變化而有所損益。此外，中國傳統的律法，例如漢律、唐律、宋律、明律和清律或甚至中華民國和今天中華人民共和國的相關法律，包括民法，刑法和習

慣法，雖有所不同，但它們的基本原則都可以上溯至二千年
以上。

或有人會提出：假若以往的制度是完善的話，那麼宋、
元、明、清和民國又何來有朝代更替的出現？其答案可能
是：所有制度其始雖然完備和經過修訂，但其實施仍須要一
龐大的官僚體系。用一句中國老話，就是「吏治」。綜觀一
本二十四史，朝代興亡與「吏治」有莫大關係。一國一朝之
亡，與貪官污吏有絕大關係。正如習近平所說：貪腐是會亡
黨亡國的。

然而，宗族制度的作用和發展已成為整個中華民族的共
識。它經歷了四千多年的發展，並非由某些官吏所能操控，
因為它已成為一個約定俗成的思想和民族文化體制。

當然，宗族制度亦隨時代進步而有所因革。例如父母死
後三年之喪的要求早已被摒棄，因為它已不符合社會經濟發
展的現實，但其核心思想「孝」依舊存在，只是在形式上有
所改變。

由宗族制度所產生的族譜或譜牒，在今天也依然有巨大
的意義。因為每個人都有父母和子女。族譜讓後來者知其根
源所在，並記敘了先人的奮鬥歷史，功業等，可觸發和鼓勵
後來者的向上心。分別親疏，更可凝聚向心力。由家而族，
由族而國。誠如顧炎武在《日知錄》所言：國家興亡，天下
興亡，匹夫有責也。更有論者認為譜牒可補史之不足或遺漏
之說。

中國自清末起被外國欺凌，幾致亡國，不少有志之士，
圖謀救國大業。遺憾者乃他們一些人認為老祖宗一無是處，
一頭栽進西方的思潮中。他們蔑視自己的民族，文化和傳

統，在全盤西化的叫囂下，促成了部份國人對我國文化缺乏自信。但他們似懂西方的民主、自由，卻不懂得重拾文化自信是最有效地自強的道理。中華民族能屹立東方四千餘年，被世界號稱為「四大文明古國」之一，定有其足以睥睨千古之含金量。其它的文明古國只剩下頹垣敗瓦。其故安在，實發人深省哉！

　　余寫是書乃希望能喚起年青一代對我國歷久彌新的文化、思想制度能有一個基本的了解和認知，並以此為基礎，產生對自家文化的自信心。我們並不鄙視西方的民主和自由思潮，但作為中國人應知中國事，特別是其存在已久的宗族制度。中國文化的偉大和深厚，和其不斷發展的歷史，應被國人珍惜和推廣。誠如《詩經》所言：

　　「周雖舊邦，其命維新」！

　　是為序。

薛浩然

二零二三年一月志於新界天佑居

上篇

宗法制度大略

研究中國的宗族制度，首先要了解兩點。

第一，何謂宗法制度？因為宗法制度是中國數千年來宗法社會的基本大法，並奠基了中國傳統社會的所謂禮治思想與以「孝治天下」的傳統綱常。同時提出了一套社會如何管治和族群如何共處之道。具有中國特色的宗法制度的文化體系與道德規範，發展出與西方文化截然不同的道路。而宗族制度也是在宗法制度的規範下形成。其主要內容在一些古籍文獻中，例如《禮記》中之〈喪服小記〉和〈大傳〉，《儀禮•喪服傳》及唐杜佑《通典》均有記載。

第二，家族又稱為宗族或戶族。家族成員又常稱為族人或宗人，並沒有一個統一的說法。亦有些學者建議五服之內為家族，五服之外為宗族。本書以宗族這個名詞將家族涵蓋在內。宗族作為廣義說法，家族則藏於斯矣！

東漢王弼於《周易略例》云：「統之有宗，會之有元……故自統而尋之，物雖眾，則知可以執一御也。由本以觀之，義雖博，則知可以一名舉也。」[1]

> 「中國政治與文化之變革，莫劇於殷、周之際。都邑者，政治與文化之標徵也……自五帝以來，政治文物所自出之都邑，皆在東方，惟周獨崛起西土。武王克紂之後，立武庚，置三監而去，未能撫有東土也；逮武庚之亂，始以兵力平定東方，克商踐奄，滅國五十。乃建康叔於衞，伯禽於魯，太公望於齊，召公之子於燕。其於蔡、郕、郜、雍、曹、滕、凡、蔣、邢、茅諸國，碁置於殷之畿內及其侯甸……又作雒邑為東都，以臨東諸侯；而天子仍居豐、鎬者凡十一

1　王弼，《周易略例》（收入《周易十卷》，第 3 冊，上海：中華書局，1936，聚珍仿宋本），〈明象〉，頁 64-65。

世……則虞、夏、商皆居東土，周獨起於西方，故夏、商二代文化略同……故夏、殷間政治與文物之變革，不似殷、周間之劇烈矣。殷、周間之大變革，自其表言之，不過一姓一家之興亡與都邑之移轉；自其裏言之，則舊制度廢而新制度興，舊文化廢而新文化興。又自其表言之，則古聖人之所以取天下及所以守之者，若無以異於後世之帝王；而自其裏言之，則其制度文物與其立制之本意，乃出於萬世治安之大計，其心術與規摹，迥非後世帝王所能夢見也。」

「周人制度之大異於商者，一曰『立子立嫡』之制，由是而生宗法及喪服之制，並由是而有封建子弟之制，君天子臣諸侯之制；二曰廟數之制；三曰同姓不婚之制。此數者，皆周之所以綱紀天下。其旨則在納上下於道德，而合天子、諸侯、卿、大夫、士、庶民以成一道德之團體。周公製作之本意，實在於此。」[2]

上述乃王國維在其《殷周制度論》所提出，西周宗法制度自殷、周在我國三千多年來的政治、法律制度、經濟、文化、學術思想等，均起著重要的地位。宗族制度或家族制度均從而衍生。而宗法制度則主導了中國傳統社會的意識形態。

簡單而言，宗法是以宗族（家族）為中心，按血統近遠區分嫡庶及親疏的制度。這個制度對鞏固統治階級和社會的長治久安，穩定和有序運作提供了一個相對有效的基礎。其基本內容有四個方面：

2　王國維，《觀堂集林》（北京：中華書局，1959），上冊，頁465-467。

1. 族、昭、穆

族，表示親屬關係。《尚書・堯典》：克明俊德，以親九族。

九族指的是同姓之族，分別為高祖、曾祖、祖父、自己身、子、孫、曾孫、玄孫。九族之外，有所謂三族之說。（甲）父子孫；（乙）父母、兄弟、妻子；（丙）父族、母族、妻族。

周代以昭穆來區別父子兩代，而隔代的字輩相同。昭穆的使用，亦體現在宗廟、墓冢和祭祀上，始祖居中，昭的位置於左，穆的位置於右。

圖1：本宗九族親屬圖

				高祖父母				
			族曾祖姑	曾祖父母	族曾祖父母			
		族祖姑	祖姑	祖父母	叔伯祖父母	族祖父母		
	族姑	堂姑	姑	父母	叔伯父母	堂叔伯父母	族叔伯父母	
族姊妹	再從姊妹	堂姊妹	姊妹	己身	兄弟兄弟妻	堂兄弟堂兄弟妻	再從兄弟再從兄弟妻	族兄弟族兄弟妻
	再從姪女	堂姪女	姪女	長子眾子長子婦眾子婦	姪姪婦	堂姪堂姪婦	再從姪再從姪婦	
		堂姪孫女	姪孫女	嫡孫眾孫嫡孫婦眾孫婦	姪孫姪孫婦	堂姪孫堂姪孫婦		
			姪曾孫女	曾孫曾孫婦	姪曾孫姪曾孫婦			
				玄孫玄孫婦				

2. 大宗、小宗之制

據《詩經‧大雅‧板》記載：

「價人維藩、大師維垣。大邦維屏，大宗維翰。
懷德維寧，宗子維城。無俾城壞、無獨斯畏。」

「宗子」，「大宗」等稱謂已經出現。換句話說，周初或殷商晚期社會已出現了宗法制度。而在武王滅紂後，《大傳》亦有記載商遺民的「宗氏」和「分族」等語解，亦可解釋為宗法制度下血緣關係的固體。

宗，就是祖廟。其意思是宗法制度與敬祖、尊祖有不可分割的聯繫。傳宗繼統是從始祖的嫡長子，並此後均由嫡長子世代相傳。這個以嫡長子繼統的方法是為「大宗」。餘子則分封為諸侯，是為「小宗」。嫡長子孫一直為大宗，餘子孫為小宗。

天子為天下之大宗，王位由嫡長子世襲；餘子孫分封為諸侯，對天子來說則是小宗。諸侯、卿、大夫、士和庶人等如此類推，各有其分，按序而行。這是在統治階級頂端而言，皇權乃集神權、族權和父權於一身。

在宗法上，大宗比小宗為尊。嫡長子是被認為是繼承始祖一脈，稱為宗子。只有宗子才擁有主祭始祖的權利和比其餘諸子有繼承特別多的財產。《禮記‧大傳》云：「尊祖故敬宗；敬宗，尊祖之義也」。所以，在宗族上以兄統弟，而在政治上則以君統臣，這可減少了宗族和統治階層的內訌，有利家、國的統一和團結。

3. 親疏有別

　　中國宗法制度其中的兩個特點是：（甲）親屬關係拉得遠；（乙）親屬名稱分得細，特別是出生的先後次序有不同的名稱來區分，例如兄弟姐妹等，使人一眼或一聽便能判斷長幼先後的身份序列。此外，嫡庶之分非常嚴格。正妻為嫡妻，其子為嫡子。妾之子為庶子。因為嫡庶之分關係到承襲制度。據《公羊傳•隱公元年》：「立嫡以長不以賢，立子以貴不以長」。

圖2：中國傳統直系和傍支親屬關係之稱謂圖表

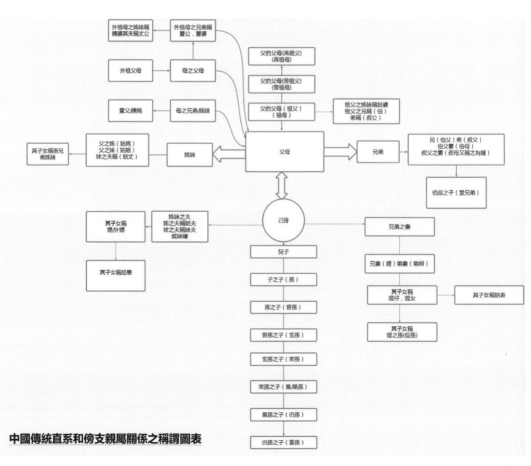

中國傳統直系和傍支親屬關係之稱謂圖表

圖3：從夫妻關係衍生的稱謂圖

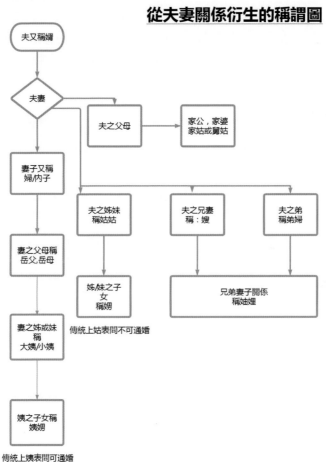

從夫妻關係衍生的稱謂圖

4. 喪服制度

喪服乃居喪時所穿的服飾制度，也稱服制。

按照生者和死者的親疏關係，服制和居喪的期限亦有所不同。喪服分五個等級，叫做五服。五服的名稱為：斬衰、齊衰、大功、小功、緦麻，斬衰是五服中最重的。

喪服上衣叫衰，披在胸前，下衣叫裳。衰是用最粗的生麻布做，衣旁和下邊不縫邊，是為斬衰。子為父，父為長子居喪都叫斬衰。諸侯為天子，臣為君也是行斬衰之服制。妻妾為丈夫，未嫁的女子為父，除服斬衰外還有喪髻，這叫「髽衰」。凡斬衰都是守三年之喪，但實際上是兩週年。

齊衰是喪服中第二級。喪服由麻布縫邊而成，所以名為齊衰。按《儀禮•喪服》，齊衰可分為四個級別：

一、父死為母，母為長子之服制為三年；

二、父在為母，夫為妻之服制為齊衰一年，用杖，又稱　「杖期」；

三、齊衰一年，不用杖，又稱「不杖期」。這是男子為伯叔父母，或兄弟之喪服。出嫁女為父母，男孫或女孫為祖父母也是不杖期；

四、為曾祖父母之喪服，則齊衰三月。

大功則是九個月的喪服。女子為丈夫的祖父母及叔伯父母，又為自己的兄弟也是守大功之制。小功則是五個月的喪服。緦麻是五服中最輕的一種，喪期為三個月。

喪服的服制中明顯地顯示出血統親疏的關係。是故，習慣上以五服以內為親，出五服之外為疏。所謂：「同姓之親為服屬」是指族兄或族弟的兒子相互間已經沒有喪服的關係，只有同姓的關係。

　　古人謂親戚關係時，均以喪服制來表示，因此期功緦麻指的是親戚了。

圖4：五服圖

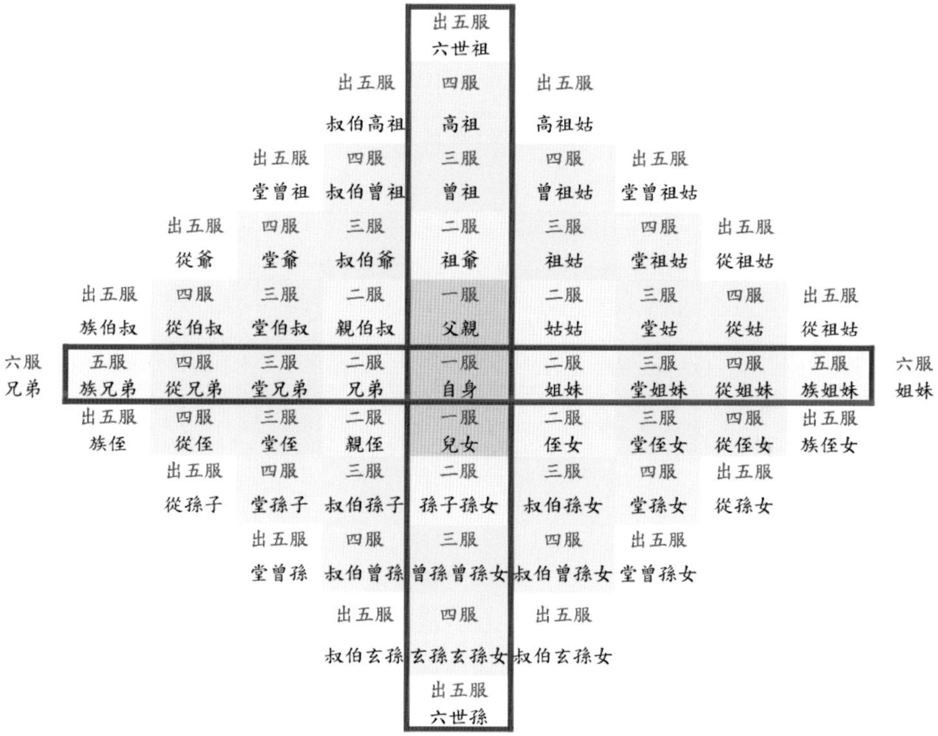

					出五服六世祖					
				出五服叔伯高祖	四服高祖	出五服高祖姑				
			出五服堂曾祖	四服叔伯曾祖	三服曾祖	四服曾祖姑	出五服堂曾祖姑			
		出五服從爺	四服堂爺	三服叔伯爺	二服祖爺	三服祖姑	四服堂祖姑	出五服從祖姑		
	出五服族伯叔	四服從伯叔	三服堂伯叔	二服親伯叔	一服父親	二服姑姑	三服堂姑	四服從姑	出五服從祖姑	
六服兄弟	五服族兄弟	四服從兄弟	三服堂兄弟	二服兄弟	一服自身	二服姐妹	三服堂姐妹	四服從姐妹	五服族姐妹	六服姐妹
	出五服族侄	四服從侄	三服堂侄	二服親侄	一服兒女	二服侄女	三服堂侄女	四服從侄女	出五服族侄女	
		出五服從孫子	四服堂孫子	三服叔伯孫子	二服孫子孫女	三服叔伯孫女	四服堂孫女	出五服從孫女		
			出五服堂曾孫	四服叔伯曾孫	三服曾孫曾孫女	四服叔伯曾孫女	出五服堂曾孫女			
				出五服叔伯玄孫	四服玄孫玄孫女	出五服叔伯玄孫女				
					出五服六世孫					

圖5：丈夫（男子）通服表

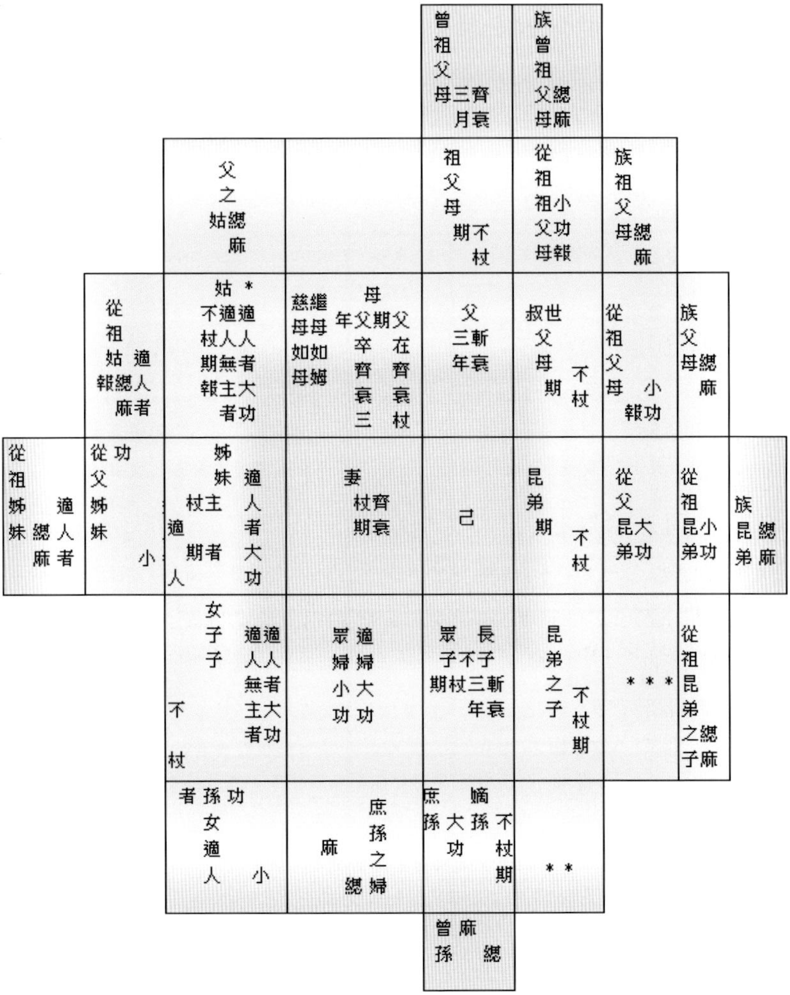

				曾祖父母三月齊衰	族曾祖父母緦麻			
	父之姑緦麻			祖父母期不杖	從祖祖父母小功報	族祖父母緦麻		
從祖姑適人者緦麻報	姑適人者大功不適人者無主者報＊	繼母如母慈母如母如姆	母父在齊衰杖期父卒齊衰三年	父三年斬衰	世叔父母期不杖	從祖父母小功報	族父母緦麻	
從祖姊妹適人者緦麻	從父姊妹適人者小功	姊妹適人者大功主者杖期	妻杖期齊衰	己	昆弟期不杖	從父昆弟大功	從祖昆弟小功	族昆弟緦麻
	女子子適人者不杖	適人者無主者大功	眾婦小功適婦大功	長子不杖期眾子斬衰三年	昆弟之子不杖期	＊＊＊	從祖昆弟之子緦麻	
		孫女適人者小功	庶孫之婦緦麻	嫡孫不杖期庶孫大功	＊＊			
				曾孫緦麻				

5.「家國同構」觀念之形成和影響

　　家族制度主要是以血緣關係為紐帶，人類社會的發展由最初的群居發展到氏族聚落，氏族間相互結盟成一大部落之組織。基於中國幅員遼闊，以農耕經濟為主體，有別於西方海洋商業經濟的移動式經濟發展模式，自古便過著定居的農業生活，血緣關係和宗族形態更進一步得以鞏固，和提昇生產力。不同的宗族、氏族和部落都有其各自的農耕地盤。為了維護其農耕地盤和經濟成果不被略奪，國家形態開始出現。

　　那時所建立的國家，並非後來商、周朝或秦始皇的大一統國家。這些小國均以宗族為核心，以家庭為單位，統治權掌握在宗族手中。而這些宗族管治和組織的放大即為國家之雛形。這就是上古時代中國傳統政治制度所稱的「家國同構」。國是家的延伸和擴展，家與國的關係便成為一個既是經濟利益之組合，也是血緣結盟的命運共同體。隨著宗法制度的出臺，「家國同構」更臻完善。而所謂父權、族權、皇權亦從而衍生。宗法制度下宗族組織和承傳，在大宗、小宗和嫡長子繼承法以致昭穆有序的安排下，令傳統中國社會之運作能有序和穩定。社會上各階層均能各安其份，各司其職。皇帝被視為天下人之大家長，人民被視為其子民。當官者則被稱為父母官。這就是師服所云：「天子建國，諸侯立家，卿置側室，大夫有貳宗。」這就是家國一體的觀念。它揉合了政權和族權，宗統與君統，因而凝聚了強而有力的民族向心力。這也許是中華民族建立國家政權經歷數千年，雖經歷多個朝代更迭，仍迄立於今的一個主要因由。而其中的「孝」所引伸的對國盡忠，對父母要盡孝，則被視為人倫之義也！

　　「家國同構」這觀念對理解中國家族制度之發展，對傳

統中國社會文化與政治制度的變遷起著十分重要的作用。

6. 氏姓考：氏姓的起源及其意義

中國儒家思想提出「修身、齊家、治國、平天下」。雖然其核心是以人為本，但若每個個體只顧獨善其身而不懂得抱團取暖，守望相助，推己及人的道理，只是單打獨鬥，當面對大自然的災害或外來的掠奪時，是無力抵抗的。

因此，人類社會在漫長的生存鬥爭經歷中，逐漸學會了團結就是力量的道理。但如何團結？團結的對象是誰？團結的目的又是什麼？

在遠古時代，國家的形態還未出現，氏族觀念仍未廣泛凝聚。那時，都是以家為本位的血緣關係為主體。所謂男女相媾，而子女育焉。隨著子女的成長而進一步繁衍，則有親疏之別焉！但如何定親疏和識別誰與誰的血緣關係，和凝聚成一個利益共同體與命運共同體，氏姓的出現則提供了一條清晰的識辨之法。

氏姓的出現是中華民族文化發展的一個劃時代的飛躍。因此，我們有理由相信，若無氏姓的出現，氏族和中國的宗族、宗法制度則從何談起？

所以，理順和探究氏姓的出現，對中華民族文化和文明發展進程是一個重要部份。

緣 起

考據古籍和社會學家的研究，中國是由母系社會，即以女性為主體的社會組織結構進而發展為今天的父系社會，即以男性為主體的社會和家庭組織。而母系社會的影子今還殘存於中國少數民族地區，例如西南地區的摩梭人的走婚制度。

圖6：摩梭族走婚橋

圖片來源：炎黃通訊網，〈摩梭人獨特的民族風俗
走婚橋〉，2017，炎黃通訊網頁

　　我國上古時代有氏有姓。早於母系氏族時期，中國已有
「姓」形成，並多以「女」為部首。例如「姬」、「姜」、
「姚」、「姒」等。

　　姓是一個族號，而氏則是姓的分支。由於子孫繁衍，族
人又分為若干分支而散居各地。因此分支又有一個特殊的稱
號以茲識別，這個就是氏。

　　《通鑑外紀》云：「姓者，統其祖考之所自出；氏者，
別其子孫之所自分。」是故，姓與氏是一個大框架下的聯繫
體，然而亦有所區別。

　　周代由於實施宗法制度，因此與虞、夏、商三代的氏族
制度和分封制度有著密切的關係。那時，貴族有姓氏，一般
平民則無。貴族中的女子稱姓，男子則稱氏。原因是因為氏

是用來「明貴賤」，而姓則是用來「別婚姻」。兩者的功能作用不同。在上古時代有同姓不婚的規定。

氏

氏的情況較為複雜。自宗法制推行，天子乃天下之大宗，而將其傍支的兄弟、非嫡生的兒子或有軍功等大臣分封各地，代中央政府分管各地兼以收拱衛京師和屏障異族入侵之責。這些獲分封者均稱為諸侯，其所屬分封之領土則稱為國。其下，則再細分為卿大夫和士庶等階層。是故，按宗法而言，則各有所宗和各司其職，各安其份。

按宋代鄭樵所撰的《通志略》總序指出：

「生民之本，在於姓氏。帝王之制，各有區分，男子稱氏，所以別貴賤；女子稱姓，所以別婚姻，不相紊濫。秦並六國，姓氏混而為一，自漢至唐，歷世有其書，而皆不能明姓氏。原此一家之學，倡於左氏，因生賜姓，胙土命氏，又以字、以諡、以官、以邑命氏，邑亦土也。」[3]

又：

「三代之前，姓氏分而為二。男子稱氏，婦人稱姓；氏所以別貴賤，貴者有氏，賤者有名無氏。」[4]

3　鄭樵，《通志略》(上海：商務印書局，1933)，頁 11。
4　鄭樵，《通志略》，頁 108。

具體而言，氏之來源如下：

（一）以國為氏

夏氏　商氏　殷氏　周氏

（二）以邑為氏

屈氏　知氏　羊舌氏　解氏

（三）以鄉為氏

裴氏　陸氏　耨氏　龐氏

（四）以亭為氏

麋氏　采氏　俞豆氏　歐陽氏

（五）以地為氏

東門氏　北郭氏　南宮氏　百里氏

（六）以姓為氏

酉氏，黃帝十四子之一姓

己氏，昆吾之姓

（七）以字為氏

桑氏（公孫枝，字子桑之後）

（八）以名為氏

皮氏（樊皮之後）

員氏（伍員之後）

（九）以次為氏

仲氏　伯氏　南伯氏　太叔氏

（十）以族為姓

左氏（遂人四族之一）

饑氏（商人七族之一）

（十一）以官為氏

卜氏　祝氏　司馬氏　樂正氏

（十二）以爵為氏

侯氏　公氏　庶長氏

（十三）以凶德為氏

莽氏（馬何羅之先人謀反，馬后惡之而改為

莽氏）

黥氏（英布因受秦律被黥，遂為黥氏）

（十四）以吉德為氏

冬日氏（晉趙衰被喻冬日之日，故因氏焉）

（十五）以技為氏

巫氏　屠氏　陶氏　匠氏

（十六）以事為氏

車氏（田千秋乘小車出入省中，子孫因氏焉）

白馬氏（微子啟乘白馬朝周，因氏焉）

（十七）以諡為氏

康氏（衞康叔支孫）

桓氏（齊桓公之後）

（十八）以爵系為氏

王叔氏　公子氏　公孫氏

（十九）以國系為氏

室孫氏（王室之孫也）

蔡仲氏（蔡國蔡仲之後）

（二十）以族系為氏

季孫氏　魚孫氏　仲孫氏

（二十一）以名氏為氏

胡非氏（陳胡公後有公子非，其子孫為胡非氏）

伍參氏（楚大夫伍參之後）

（二十二）以國爵為氏，邑爵附焉

申叔氏　屈侯氏　夏侯氏

（二十三）以邑系為姓，而邑官附焉

原伯氏　申叔氏　召伯氏

（二十四）以官名為氏，而官氏附焉

呂相氏（呂不韋為秦相，子孫因氏焉）

（二十五）以邑謚為氏
　　　　　　丁若氏　臧文氏　苦成氏　古成氏
（二十六）以謚氏為氏
　　　　　　尹文氏　顏成氏　武仲氏
（二十七）以爵謚為氏
　　　　　　成公氏　成王氏
（二十八）代北複姓
　　　　　　素和氏　吐賀氏
（三十）　　關西複姓
　　　　　　莫折氏　昨和氏
（三十一）諸方複姓
　　　　　　黑齒氏　瞿曇氏
（三十二）代北三字姓
　　　　　　可朱渾氏　阿史那氏
（三十二）代北四字姓
　　　　　　自死獨膊氏　井疆六斤氏

　　以前古人是有名有字的，在嬰兒出生後三個月由敦親命
名。男子成長到二十歲，則舉行冠禮時取字；女子於十五歲
行笄禮取名。是故，名和字均有意義上的聯繫。
　　春秋時代，男子取字之最普遍的辦法是在字前加上「
子」字，因為「子」是對男子的尊稱。例如：
　　公孫僑（子產）　狐偃（子犯）　伍員（子胥）
　　顏回（子淵）　冉求（子有）　宰予（子我）
　　端木賜（子貢）
　　古人名字連著稱呼時，一般是先稱字，後叫名。例如：
　　孟明（字）視（名）　孔父（字）嘉（名）
　　叔梁（字）紇（名）
　　此外，古代人對尊卑次序有嚴格的分別和稱謂。尊輩對
卑輩稱名，卑輩或晚輩自稱也稱名；對平輩或尊輩則一概稱

字。

　　自戰國以後，開始有并姓和以氏為姓，姓氏逐漸合而為一，漢代則通稱為姓。因此，自天子以至庶人都能有姓了。

　　國家有國家的徽章，人也有自己的圖騰，連結自己與家族。氏姓是人的圖騰，是每個人出生的烙印，顯示親族血緣的關係。透過中國人的氏姓，能知道整個宗族。從小我中知道大我，並在大我中顯現個體的存在。

中篇

中國宗族制度

第一章 「宗」、「族」釋義

　　西周的宗法制度奠定了中國宗族結構的基礎。不過宗族這個傳統，隨著歷史環境的變化，經歷不同朝代的解釋。在古往今來，中西貫通的今天，宗族這個詞彙有了很多變化。除了中文詞源的追溯「宗」、「族」、「宗法」等，英文語境下的"Lineage"，"Clan"亦可以作為認識宗族的一個參考，即西方人類社會學者以自下而上的眼光對於中國這一制度的宗族研究。值得注意的是西方基於當下宗族的研究，不能忽略中國是一個擁有豐富歷史文獻的悠久民族這個特性。

　　「宗族」最早的解釋見於《爾雅·釋親》篇，「父之黨為宗族」，鄭玄注有「黨，五百家」。在上古時期，黨是一個中性詞，意味親屬的意思，故亦有所謂「鄉黨」之稱。一般理解為以男性為主的世系組合成的集團，西方人類學意義上的父系氏族。如果拆開來解，「宗」：東漢許慎的《說文解字》中有「宗，尊祖廟也」；《左傳·襄公十二年》有「凡諸侯之喪，異姓鄰與外，同姓與宗廟，同宗與祖廟，同族與禰廟」；漢代班固《白虎通德論》宗族篇有「宗者，何謂也？宗者，尊也。為先祖主者，宗人之所尊也」；其實早在殷墟甲骨文卜辭中就有出現「宗」，意為供奉神主之廟。宗者，通假為尊，古代文獻常用這個字指代宗族。

　　儒家經典自漢代後成為了一個官方的政治意識形態的信仰。春秋戰國時代，有所謂「王官之學」和「諸子百家」之說，中國思想界進入百家爭鳴的空前活躍時代。雖法家在秦

統一六國的過程中，為嬴政倚重，並有焚書坑儒之舉。然秦之國祚不長，終為漢取代。黃老之學雖在社會上層架構中佔有重要一席，唯董仲舒之《春秋繁露》議出，漢武帝便罷黜百家，獨崇孔孟之儒學，決定以「孝治天下」，作為治國安邦之本，成為往後二千年來封建帝制圭臬，儒學遂為中國思想界之主流。其後經過歷代大儒之推陳出新及兩宋經學與理學之出現，特別是朱熹之《四書集註》更被尊為科舉考試之範本。可以說這個學說影響了宋以後800年的官場與學術界流變。

因此，儒家思想及其意識形態對中國宗法制度和宗族制度的發展有著極其深刻的影響，特別有關祭祀禮儀等，更成為支配中華民族文化發展的主軸。儒家中以血緣紐帶為核心的家族倫理，三綱六紀成為統治者實施教化的準則之一。

「族」在《說文》中解「矢」，班固《白虎通德論•宗族》中有：「族者，何也，族者，湊也，聚也，為恩愛相留湊也。上湊高祖，下湊玄孫，一家有吉，百家聚之，合而為親，生相親愛，疏相哀痛，有合聚之道，故謂之族。」古文經學認為族包括妻族，今文經學則認為「異姓不同族」，這裡涉及的是承認聯宗存在與否。但是總體而言，同宗同族需為父系世族。誠如唐代經學大師孔穎達所言「親指族內，戚言族外」。

研究者普遍認為除了祠堂、族譜和族田外，構成一個宗族還應該看其祭祀活動。在祭祀活動的過程中，宗族觀念在這個神域中傳遞價值觀。換句話來說，宗法是「裏」，宗族是「表」，也就是系譜原則優先於宗族的功能性。但從歷史性的角度來看，中國宗族在不同的歷史時期，有不同的變通性和社會性，在傳統的延續上有豐富的再創造意味。學者錢杭總結了宗法應具有以下特徵：

1.　宗法是宗族內的宗子法，宗族是宗法制度的前提；
2.　宗法與政治具有相關性；

3.　宗法具有經濟基礎；

4.　宗法制度與家庭倫理之間具有聯繫；

5.　宗法是同氏集團內部的宗子法，也就是有明顯的父系繼嗣結構；

6.　宗族和宗法是通過譜牒而逐漸深入人心的，在不同的歷史階段有不同的體現。[5]

宗族制度是不是一套滿足社會和個人需要的制度？

首先，要從家庭的觀念開始辨析。《說文》中有：「家，居也。女有家，男有室。男子生而願為之有室，女子生而願為之有家；之子於歸，宜其室家。」室者，定居也。農耕傳統的文明，對於土地的情感需求比其他文明更多。從這個層面，可以把家庭的觀念視作基於生理需求的基本認識。但是宗族制度，則是超越於個人的共同體，它的意義就是一個滿足社會和個人需求的制度。英文本文討論Family（詞源與拉丁文Focarium）則比中國更近一步，意為一父一母與眾孩處於同一屋頂之下，也就是比漢語更著重於生理需求。

宗族的釋義最早出現甲骨文，這種宗法制度的傳統被沿襲使用。首先它有實際社會意義功能，其中一個重要功能就是維繫地方社會的秩序和穩定。此點，特別是在明清末年的團練的存在，更是世族制度的一個體現。

在東西方相遇後，不同社會文化的衝擊，挑戰了西方人對東方想象的刻板印象，也開啟了不少新課題。從普通的遊記或想象，落實到實證研究。馬克斯•韋伯（Max Weber）認為中國「一切都停留在洗練的經驗上」。[6]但是他的這種普世的，基於搖椅上看問題的角度首先在歐洲

5　錢杭：〈宗族與宗法的歷史特徵——讀呂思勉《中國制度史》第八章《宗族》〉，《史林》，1991 年 2 期，頁 34-40。

6　錢杭：〈宗族與宗法的歷史特徵——讀呂思勉《中國制度史》第八章《宗族》〉，《史林》，1991 年 2 期，頁 34-40。

大陸被挑戰。

西歐關於親屬制度的研究始於19世紀末。摩爾根（Lewis Henry Morgan）的著作《古代社會》（Ancient Society）用初民社會的立場去探討社會如何從蒙昧走向文明。不同於歷史學基於文本的研究，摩爾根從田野出發，以唯物主義的觀點去論述私有財產的觀念是如何在人類社會發展。隨著航海業的發展，一些人類學者開始走訪世界，去尋找「異文明」中還未發展成熟的社會，想藉從社會進化論的角度去闡述人類發展。比如非洲大陸的政治問題研究。20世紀50年代，便有基於南蘇丹地區的田野調查《努爾人》（The NUER：A Modes of Livelihood and Political Institutions of A Nilotic People）。在《古代社會》中，摩爾根認為漢族宗族屬於蘇丹型親屬制度，一種描述性的親屬制度，各個輩分很清晰。因此，近現代學者基於非洲模型和亞洲宗族現象有廣泛的討論。英國人類學家斐利民（Maurice Freedman）開創了研究中國宗族制度的「範式」（paradigm）。他認為，像非洲一樣的無政府社會裂變不能解釋中國的情況。從功能主義角度，宗族是一個控產組織而非系譜結構。當然，這個觀點受到後世學者不斷挑戰，但依舊作為一個理論雛形被廣泛討論。其中，因為中國與非洲部落的最大不同點就是，中國是一個有豐富文獻記載的文明古國。根據中國的文獻史料，現在的研究者普遍認為，具有弗里德曼所提出的控產組織在現有的研究中，應該把目光聚焦回宋代以後。

在弗里德曼的大旗下，西方對於「何為中國人」的問題有越來越多的追問；而中國學者對於中國社會如何特別於西方文明，也在基於獨特的宗族制度的框架下進行解答。在此還延伸出鄉村社會、社會分化與國家——宗族等問題的探討。這個討論最早是從Clan（氏族）和Lineage（世系）的辨析開始。在弗里德曼之前，華人學者許烺光就用Clan（氏族）來定義中國宗族。Clan在中國翻譯為氏族，但是在人類

學意義中認為這只是一群血緣聯繫虛構的人聚族而居；但是如果是Lineage則同樣是一族同姓的人，共始祖關係清晰。中國古代亦有對於姓、氏、宗族的說法。比如母系時期的盤古氏、神農氏等等，一般認為氏是一種貴族的象徵，是由不同的姓分支出來的。秦漢之後，貴族沒落，姓氏開始合一，家族制度興起。西學東漸後，東西方之間開始有更多的交流。翻譯理論中有一個「譯不准原則」，由於這種哲學層面的「不可通約性」，我們不能貿然的對這些語彙作界定，更應該結合作者的語境。對於宗族問題，現代意義的辨析大多是分為功能性和系譜性原則。

本書指出「宗族」在中國，不僅僅是單純的社會組織，更是讀書人追求的「德業相勸，過失相規，禮俗相交，患難相恤」的一部分。本文認為宗族可以達到「保本返始之心」是民習以正的開始，具有強大的社會控制功能。《禮記》所言之「親親」，敬宗收族，利用血緣關係，達到團結同一個「祖先」子孫構成一種社會組織的目的。討論「宗族」問題，就是理清中國人「慎終追遠」的傳統文化。

一個制度的誕生，盛衰和是否能行穩致遠決定於兩大因素。即自然環境與人文因素，或稱為理論基礎。

中國自古以來自夏代起，已由一個漁獵畜牧的經濟社會發展為一以農耕文明為主的經濟體系。小農經濟是中國傳統社會的主流。由於以務農為生，聚族而居是一個必需的客觀條件存在。是故鄉土觀念和宗族牢不可破。中國人歷來提出「孝弟力田，敬天畏祖」，將「孝」的倫理內涵作為指導思想，對促進人民內部的團結，社會的穩定及經濟發展起著重大的影響和功能。

中國作為古代四大文明古國之一，依然屹立於世，其它的已灰飛湮滅；其故安在，也許中國宗族制度是一個重要的因由。

第二章　宗族制度的發展過程

　　中華民族歷史悠久，源遠流長。今天中國根據統計大中小民族共有65個，漢族佔大多數。然而和其它少數民族在通過幾千年的整合，互相尊重，相愛相親，休戚與共，唇齒相依。國族一體，乃世界上一個民族融和的典範。

　　社會學認為一種制度是否成立建基於兩個基本原則。一是自然原則，包含著生理和地理等因素；二是人文因素，即心理因素和文化基礎。近日，習近平也有強調要深化對人類社會發展規律的認識。人類社會發展之規律就是我們「自己社會行動的規律」。早期人類文明起源時期與生產力發展的關係很大，而生產力的發展與生產工具又有不可或缺的關係。

　　在考古學的發現中，我們得知早在夏商周期間，中國已經發展出成熟的冶銅術。制銅業是王室的專利，王室用青銅器為信物，建立起輻射周圍聚落的酋邦或城邦的禮樂之制。夏傳子，家天下之制的出現，打破了堯舜禹之禪讓制度。然而，這是基於遠古社會經歷了生產力的發展，物質豐富後，人類社會開始出現的自然分化。在中國文明發源地所發現的諸多遺址中也有新的證據，說明了中華早期文明生產工具的大發展。其次，從文獻也可以看出，在物質生活有了改善之後，人類社會開始建立制度去保存自己的私有財產。而在擁有財富之後，又產生了財富分配問題。誰擁有權力或管治權，誰就在財富分配上擁有決定與話語權。而制度的出現和確定，是希望確保與財產的繼承和分配有所遵從，而不致產生紛爭，並引發社會和家族群體內摩擦和內耗。中國上下五

千年家族制度和相關政治體制的建設和發展，正是基於社會財富如何分配而延伸出來的。

　　而家族制度得以發展的基本是宗族制度。中華文化和文明的發展與承傳和宗法制度有莫大關聯，宗法制度是早在三代時期奠定的禮制基礎。首先，宗法制度是以血緣為紐帶的嫡長子繼承制度，它的核心內容是貴賤有等，上下有序，各安其位，各奉其實。由於以「嫡長子」確立繼承皇位為唯一法定者的制度，並廢除和終止了了在殷商時期曾經交替存在的「兄終弟及」繼承制度，使到日後自西周的國家政權交替相對而言較能長治久安。中華文明在嫡長子世襲的宗法制度指導下，在世界舞臺大放異彩。雖在歷史長河中，也曾多次出現奪嫡情況，惟主旋律還是以立嫡立長為主調。世界諸多文明興衰，而中華文明在這一原則的指導下持續繁衍，至今仍是有一個沒有斷根的家庭制度為核心紐帶的統治基礎。

　　中國宗族制度的發展可概分為四個發展階段：夏、商時期；東、西周時期；宋代至中華民國；中華人民共和國至今。

　　「父子有親，君臣有義，夫婦有別，長幼有序，朋友有信」是儒家文化薰陶下中華文明的政治理想。自古以來，中國的「禮」就承載著西方社會的法律的功能。周禮的禮制則是供給於後世人不斷解釋的文本依據。在實際過程中，它的發展明顯是基於不同的現實政治環境而變化，尤其與土地政策、賦稅制度有著顯著的關聯性。

1. 夏、商時期

　　中國古稱華夏。夏朝，被認為是中國最早出現的朝代。始於夏禹，終於夏桀。據歷史考據，當時夏族是中國境內人數最多，居住地覆蓋最廣的民族。它是中國歷史上從部族或部落聯盟發展出來的第一個具有國家組織型態和權力體現的

國家，一個以夏禹及其血裔為統治核心的政權。該政權統治開始於公元前21世紀至公元前16世紀。夏桀暴虐，最後為商湯革命所推翻，翻開歷史新一頁，即商朝或殷商之建祚。

圖7：夏朝城市地圖

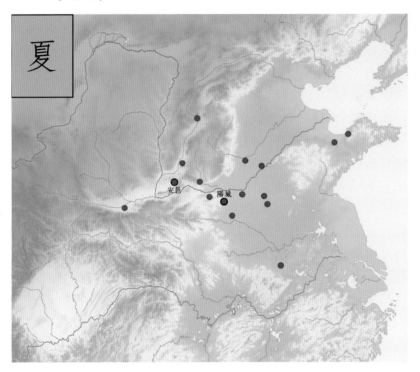

由於夏朝建立的地點，處於黃河中下游，天氣溫暖，水土肥沃。又經大禹疏通九洲，洪水得治。是以取代由遊牧逐水草而居的社會生產型態，安頓下來發展農業社會經濟。由於農業生產在古時很大程度受到大自然變化影響，例如旱、澇、暴風雨等。因此，興起了敬天畏神等圖騰之崇拜和祭祀，祈風調雨順，五穀豐登。後來，人們積累和掌握農耕生產的規律和種植經驗。天地鬼神的畏懼心轉移成對先人的崇拜和祭祀，祈望得到祖先對農耕文化和技術的傳承和庇

護人丁興旺。因為在古時人力勞動是農業生產的主要來源。同時，上層階級維護其統治權之有效延伸也是事關重要。是故，祖先崇拜和祭祀發展和確立，宗族制度由此產生。

自宗族制度之出現，上古時代的禪讓制度便被摒棄。而一種制度所以能確立和傳承下去，必然有一個人文基礎，即倫理或理論基礎作為指導思想。在西周之宗法制度出台時，夏、商時期則以「禮」，「德」和「孝」作為規範人與人，個人與集體，管治者與被管治者等關係。

學者王國維根據甲骨文上的材料認為，「商無為後者為之子之制也」，也沒有明確的天子、諸侯、君臣之分，[7]可以視作沒有成型宗法制度的早期蒙昧和雛形之原始時代。在這個時期，夏朝建都陽城。現考古發掘二里頭文化，當時鑄銅技術發達，遺址中有不少鑄銅作坊，最大一個達一萬平方米。[8]銅器是軍事與祭祀的重要物件，夏商周又被稱為「禮樂（禮制）」社會。宗族制度之出現和當時社會繁榮有關。人們由上古穴居式居住進展為群居，農耕產品除了自用，餘糧則進市易物。市場之出現，帶來了市集貿易，其後城市的出現，宮殿之興建，文明之肇始。而從戰爭中掠奪得來的俘虜成為生產的奴僕。因此，以往氏族社會的「共同生產，共同消費」模式變了。

在宗法制度確立之先，殷人已有大宗、小宗之別。大宗者乃居於京都的殷族，稱為「王族」，即是「元族」或大宗。外派別地為「邦伯」，均被視為「大宗」或王族的分支，稱為「子族」或「多子族」，統稱為「小宗」。

7　王國維，《觀堂集林》，上冊，頁 465-467。

8　鄭光，〈二里頭遺址的發掘——中國考古學上的一個里程碑〉，《夏文化研究論集》(北京：中華書局，1996)，頁 67。

圖8：夏商周城市變化圖

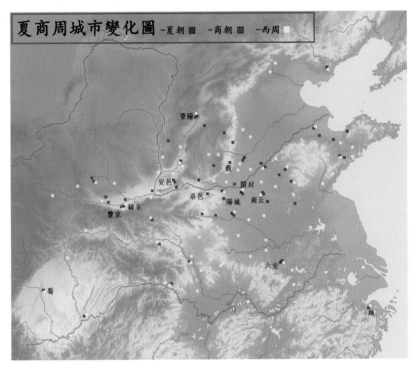

2. 東、西周至宋代前

　　商朝最早建都於亳，而後數次遷徙。但是由於經濟發達，此時之城市文明已經出現了複雜的結構功能。周朝建都於鎬，原來是商朝的諸侯國。商末，紂王殘暴，周武王克紂。周朝開始了為期約791年的統治，是中國歷時最長久的朝代。為什麼可以持續那麼久？這與周朝之宗法制度息息相關。周制在三個方面確立和鞏固了宗法制度。一，立嫡長子，延伸出喪服和宗法之制；二，廟數之制度；三，同姓不婚之制。[9]由此衍生出周朝的宗法制規範下，氏族分封的形式

───────────

9　王國維，《觀堂集林》，上冊，頁451-480。

更加完整。從天子至諸侯實行「親親、尊尊」的尊祖的嫡長子繼承制度。這個時期宗法制度等級森嚴，《左傳》中有「天有十日，人有十等」。為了維護這個等級關係，必須嚴格恪守宗法制度，天子、諸侯、大夫各司其職，定位明確。此時的土地制度是「普天之下莫非王土」，井田制度下，公田成為了各級貴族制度的基礎。然而，所謂「井田制」是否真的出現過，由於缺乏充足和明確的文獻支持，雖然《孟子》曾具體提及「井田制」，惟並沒有有力的證據。因此，後來有學者對此有所保留及提出質疑。有論者認為孟子所云，是儒家托「井田」之說，而希望能達致踐行其天下為公的理想。但根據《漢書‧食貨志》，李悝為魏文侯提出「盡地力」之教；以及《史記》有述商鞅在秦孝公時有廢井田之舉措：「為田開阡陌封疆，而賦稅平」，足可證井田制確實是以封建政治制度之一環而存在，而非經濟社會需要而制定，可以說是古代文明社會進化的必然過程之一。「井田」之廢，亦是因應社會發展之所需而消失。

周天子通過宗法制度把土地分封給他的同族、姻親或功臣；諸侯向下分封給卿大夫等。

孔子有：「典章禮樂……吾從周」，孔子感歎春秋時期禮壞樂崩，然而西周時期的發展卻給後世的諸多朝代一個以正室長男繼承家業的規範——宗法制度。在這個儒家禮樂規範制度下，中華文明所凝結的家庭觀念又延綿了上千年。

自秦始皇開啟了中央集權的統一皇朝，以郡縣制取代封建制，他頒布的「書同文，車同軌」為中華民族的大一統奠定了堅實的基礎。皇帝自秦以來作為國家的最高統治者，皇帝的權威被宣傳為父親的權威。司馬光有「父之命，子不敢為，君之言，臣不敢為」。司馬光的《資治通鑒》一直被視為君王的必讀書目，治國之重典。自漢朝提出「以孝治天下」的基本準則，影響了歷代的統治者。學者張金龍研究秦律時，發現「秦律是處於從同居異財到同居共財發展的過渡

期」[10]，也就是說，這個時候的人身依附關係還處於一個未成體系的階段。

秦二世而亡，劉邦建立的漢朝從不尊儒術，到漢武帝時期的「罷黜百家，獨尊儒術」。在這個過程中，政府統治還來源於一個重要的因素——察舉制，魏晉時期演變為九品中正制度。這個制度自漢以來，一直影響到唐朝。與此同時，譜牒制度也日益成熟。這個時期形成的門閥制度引起了不少學者的關注。其中的觀點認為，世家大族在宋之前，大族的權利並不依賴於其私有財物，而是源於其國家的官僚身份。西方學者姜士彬（David Johnson）進一步指出中古中國不存在共同的社會活動和公共財產，他們「沒有義田，沒有家廟，大型祭祀集團甚至在墳塋旁邊沒有任何發展完善的聚集活動」。[11]換句話來說，這個時候的諸如瑯琊王氏，太原王氏等等，都更多時候是基於政治權利的「宗族認同」，而非基於血緣和共有土地的宗族組織。戰亂之後，士族制度失去國家的庇佑，「衣冠舊族多離去鄉里，或爵命中絕，而世系無所考」[12]。

3. 宋代至中華民國

宋以後，門閥制度衰落，科舉制度逐漸成熟。在以儒學為核心的制度下，「忠」、「孝」日趨成為了主流價值觀。這個時期有四個特徵：

1. 開始容許庶民或平民開有祭祀祖先之權；
2. 家廟的興起；

---

10 張金龍：〈商鞅變法後秦的家庭制度〉，《歷史研究》，1988 年第 6 期，頁 74-90。

11 姜士彬著，範兆飛、秦伊譯：《中古中國的寡頭政治》（上海：中西書局，2016 年），頁136。

12 李燾，《續資治通鑑長編》（北京：北京圖書館出版社，2006），卷 103，頁 91。

3. 譜牒之學的興起，確立了歐陽修的歐譜和蘇軾蘇譜的世系範式；

4. 族田制度的確立。

　　宋以後宗族制度在庶民之間逐步擴散，明以後宗族制度地緣化和制度化。學者王銘銘認為宋以前，宗族制度是一種貴族式的特權，而宋以後，官方意識形態的改變推動了族權的發展。[13]1041年，宋仁宗就有「敕書，許文武官立家廟」之諭。在這個階段，「先天下之憂而憂」的北宋名臣范仲淹出資購買族田，成為了宗族發展的標誌性事件。在皇佑二年（西元1050年）「方貴顯時，置負郭常稔之田千畝，號曰義田，以養濟群族之人」，時人爭相效仿「置義莊以贍宗族貧者」，「買田贍族黨，賴以活著殆百數」。[14]日本學者天野元之助研究發現，范氏義莊直至民國28年（西元1939年）仍存在。[15]北宋的宗族制度不僅有這種「蒸嘗田」的公田的經濟基礎，歐陽修和蘇洵在修譜的體例也有諸多貢獻。族譜是為了防止族人對義田管理經營不善，同時防止族人關係疏離。

　　發展到明朝，明初朱元璋的里甲制度，在地方運行時得到當地鄉紳的大力支持。到了清朝雍正年間，《聖諭廣訓》中有「立家廟以薦蒸嘗。設家塾以課子弟，置義田以贍貧乏，修族譜以聯疏遠」。可以看到從北宋之後，宗族組織的正統色彩越來越濃厚。科大衛在《皇帝與祖宗》一書中則開宗明義提出，皇權政府通過儒家意識形態，用禮儀的話語與民眾溝通；而地方宗族同樣用這套禮儀話語向政權表示忠誠，兩者互動。[16]

13　王銘銘，〈宗族、社會與國家——對弗里德曼理論的再思考〉，《王銘銘自選集》（桂林：廣西師範大學出版社，2000），頁87。

14　脫脫等，《宋史》（上海，商務印書館，1937，百衲本二十四史），卷331，〈列傳第九十〉，頁136

15　天野元之助：《支那農業經濟論(上)》（日本：改造社，1942）。

16　科大衛著，卜永堅，《皇帝和祖宗：華南的國家與宗教》（香港：商務印書館，2017）。

圖9：范氏義莊牌坊（1966年前）

圖片來源：鮑正熙，〈晚清民初蘇州的宗族義莊〉，
《江蘇地方志》，2000年4期

4. 中華人民共和國時期

　　中華人民共和國自1949年成立。成立初期，各種運動層出不窮，以階級鬥爭為綱的意識形態充斥著民眾的日常生活。1952年開始實施的土地改革制度極大程度改造了中國的面貌。歷史學家黃仁宇認為：「透過土地改革，毛澤東和共產黨賦予中國一個全新的下層結構……人類有史以來規模最大的財產重分配和集體化」。[17]這個時候家族賴以存在的經濟基礎——祖堂制度被打擊，「地主」成為了階級敵人。經過了一段時間的政治嘗試，中國

17　黃仁宇著，張逸安譯，《黃河青山》（臺北：聯經出版，2001 年），頁 277-278。

共產黨開始重新審視中國社會形態並進行撥亂反正。1978年改革開放之後，中國經歷了高速的經濟騰飛。中國社會之家族的活動開始緩緩恢復，春節之祭祀、清明之返鄉成為了國人紀念先輩的「慎終追遠」的文化現象。

5. 時空交錯下的香港新界祖堂制度

　　不同於中國之宗族制度由於歷史原因經歷過斷層，香港新界地區的宗族制度亦是由於歷史原因從宋代起得以延續。時空交錯下，成為了中國宗族制度的一塊活化石。新界宗族制度之祖堂制度是其中最重要的元素，可以說有祖堂制度這個經濟共同體，宗族的凝聚力才沒有隨著時間的沖刷而減弱。本書將在後面的章節以具體加以分析。

　　中國家族制度的發展是中國宗法制度下的產物，是在儒家的政治理想下發展而來，故而《大學》中有「家齊而後國治」。中國作為一個文官亦即士人政府治國的中央集權國家，在經過上下五千年的發展後，逐漸形成了以族群為單位的地方社會。因此，國家亦通過種種方式整合並支援族群的建設，納入皇朝的話語體系。古代的傳統史學中，家族的歷史是不視為正史。一般認為「家史人諛而善溢真」。然而20世紀50年代後，越來越多的學者從政治史轉向社會史，認為家族的歷史和其制度的形成能夠更好的幫助我們理解歷史過程。習近平強調中華優秀傳統文化是中華民族的精神命脈，是涵養社會主義核心價值觀的重要源泉。因此，我們要從歷史出發，重新尋找歷史中中國文化的瑰寶。

第三章　宗廟、宗祠、祠堂

據《禮記》所載，古時君子建房屋，先立宗廟，繼而修建馬廄和儲存物料之房間，最後才修築家人之住房。

1. 宗祠的出現和發展

從氏族社會出現到殷商時期，同姓者擁有共同的「宗廟」，同宗者則有共同的祠堂，稱為「祖廟」；同族者則有共同的「禰廟」。

夏商之際到宗法制度之制訂和大宗小宗之確立，只有公卿、大夫才能建立宗廟。按《禮記》載，宗廟之立有嚴格的規制，不能有所逾越：

> 「天子七廟，諸侯五廟，大夫三廟，庶人只能在家中祭祖。」

因此，「宗廟」意味和代表著國家社稷和政權（皇權），所以天子祭祖和祭祀天地是其專擅之權力。因此，有關的祭祀活動是彰顯其政權存在的合法性。是故宗廟之存在，代表國家政權的存續，含法統與道統之大義。所以，歷朝歷代的統治者都很重視宗廟之營造。因此，歷史上很多時以「愴惶辭廟」一詞形容一個去國或亡國之君之下場。

祠堂最早出現於漢代。當時祠堂大多建於墓地裡頭，所以又稱「墓祠」。因它大多以石料建造，於是又稱為「石

圖10：孝堂山郭氏墓石祠

圖片來源：徐磊、劉國慶，〈考證孝堂山漢代題記訂正及新發現〉，《中國書法》，2019年5期，頁178-183。

室」。[18]

　　魏晉後，雖然官方曾有倡議和准許民間修祠，但修祠大盛之風乃始於宋代。原因有二：

（一）北宋名臣范仲淹除因勤政愛民以私房錢首倡義田／族田之設，以贍養族群，此乃氏族的經濟共同體。因此，助長了民間建祠之動力。祠堂之建立，能加強族群的向心力和守望相助的精神。

（二）隨着宋代理學興起，特別是一代大儒朱熹將孔孟之儒學思想，提升到一個嶄新階段。其《四書集注》為當年士子所必修，為科舉考試官方指定之學習文本。

　　朱熹云：「家之有廟，族之有譜」，並設計了「宗子法」方案。不單對有宋一代影響甚大甚廣，並對後世之影響甚深。

　　到明朝公元1536年，禮部尚書夏言奏請朝廷准予平民百

18　徐磊、劉國慶，〈考證孝堂山漢代題記訂正及新發現〉，《中國書法》，2019年第5期，頁178-183。

姓可以修建宗廟、家廟式祠堂。此後，宗祠、宗廟之設遍及
中華大地，成為承載着中華民族文化的一項特色和傳統。

2. 牌 坊

與宗祠和家族有關的，則是一些由個別家族所豎立的牌
坊。

牌坊是由櫺星門演化而來，屬於祠堂之附屬構築物，目
的是用以彰顯族人之言行品德和功名成就等。

牌坊基本上可以歸納為兩類別：（一）功德牌坊。（
二）道德牌坊。例如：讚揚或陞表婦女德行和守節之貞節牌
坊等。

圖11：江門陳白沙祠貞節牌坊

圖片來源：〈白沙墟頂街：僑鄉廣東江門城市的發源地〉，江門日
報，2015年10月28日

第四章 族譜——
譜牒制度的流變及在各歷史時期的作用

孫中山針對宗族有如下論述：

「我們中國可以利用小基礎，就是宗族團體；
此外還有家鄉基礎，中國人的家鄉觀念，也是很
深的⋯⋯各族中總有連帶的關係，譬如各姓修家
譜。常由祖宗幾十代推到從前幾百代，追求到幾
千年以前⋯⋯像這樣宗族中窮源極流的舊習慣，
在中國有了幾千年，牢不可破，在外國人看起
來，或者以為沒有用處，但是敬祖親宗的觀念，
深入中國人的腦筋⋯⋯若說到滅族，他就怕祖宗
血食斷絕，不由得不拼命奮鬥⋯⋯有了國族團
體，害怕什麼外患，還怕不能興邦嗎？」[19]

毛澤東在1957年於成都召開政治局擴大會議時講到：

「搜集家譜、族譜，加以研究，可以知道人
類社會發展的規律，也可為人文地理、聚落地理
提供寶貴的資料。」[20]

殷人以殷氏族為統治權的核心，是故對祖先奠祭

19　孫文，《三民主義》(臺北：臺灣省政府教育廳，1949)，頁 61-62。
20　毛澤東：《1957 年成都政治局擴大會議上的講話》

極為重視。對非本族而又無姻親關係，或未歸順的其他氏族，統以「夷」稱之。

殷商初時以「玄鳥」為圖騰和崇拜對象，後發展為祖先崇拜，以「嚳」為祖先。以「敬祖畏天」並行。說明了先民進入農耕文明時代，開始明白和知道通過經驗和實踐，是可以改變自然環境趨吉避兇，促進生產，而這些經驗主要是從歷代祖先屯積而來。所以祖先崇拜就不單只是信仰，而有實際的得著。因此，「慎終追遠」是有實際的需要和作用。同時，起著團結血族，外禦入侵，維護氏族、家族和宗族的利益。

祖先崇拜可統合為六大目的，三大層次。

六大目的為一，慎終追遠；二，奉行孝道；三，懷感恩報德之心；四，建立一個以血緣為主的親屬集團，相互照應；五，祈求祖先能福蔭後人，所謂「心田先祖種，福地後人耕」之盼望；六，恐怕有踰矩之行為，令祖先蒙羞而降災。

三大層次乃一、二項為首要層次，三、四項為第二層次，餘下的四、五項為第三層次。

古語云：百行孝為先。孝者何也，儒家曰：不孝有三，無後為大。後者，有繼嗣之人也。因為如果沒有後代，祖先之祭祀，何來延續。如此行，則將過去、現在、未來形成一個環環相扣，生生不息的永續團體。使在世的族人知所先後和長幼有序，不單能分沾先祖的福蔭和名聲，亦可從祖先輩苦難經歷中，汲取教訓，砥礪前行。

因此，族譜編纂之義大矣哉！不單止記載一朝一代的更替，一宗一族，一家的盛衰，才能真正達致曾子所謂：「慎終追遠，民德歸厚」之大義。而譜牒之興，實由此而起。

譜牒一詞，最早出現在漢司馬遷之〈太史公自序〉：「維三代尚矣，年紀不可考，蓋取之譜牒舊聞，本于茲，於是略推，作三代世表第一」。由是觀之，自夏商周已有記述，或以結繩。文字出現後，鑿於龜板、胛骨，鑄於鐘鼎，刻之石碑，或記於版牘。當時負責記敘王室世系或卿大夫的世

系等，均有專門的文化官，即卜、史、巫、祝等經辦。卜、史、巫、祝和王、侯，邦伯與師長均為殷的血族。

族譜的研究發展到今天，已成為一個專門的學問，又稱為譜牒學。

1. 譜牒類別與在各歷史時期的功能

1.1官修家譜與私家修譜

譜牒者，乃記載着一族、一姓、一家之源流和支派。它可以辨親疏，定長幼之序，和家族之盛衰。它是一本「史書」，又是一本親疏錄，是中華民族血脈相傳與血濃於水的見證書和實錄。

從上古三代的虞、夏、商到周代，譜牒之記載由官府統辦，並設有專職人員記錄存檔。而民間並無譜牒之載。至周代確立宗法分封之制度，譜牒更是作為分尊卑，定親疏，展現國家中央權力和分封諸侯國之間的統屬關係，特別是天子大位和郡國譜系等的權力和爵位繼承等政法權力的安排。譜牒的記述提供了不容爭辯的依據，這就是譜牒的緣起。

私修家譜緣起自商代晚期，其經濟活動逐漸由遊牧漁獵的模式邁向農耕的經濟社會。隨著冶煉技術的進步，青銅器和鐵器時代的到臨，鐵犁等農耕工具出現，大大提昇和促進農耕文明的步伐。加上自大禹治水，遍歷九州，對治洪和河道的疏理，對其後農耕的發展，提供了具體的農耕灌溉用水等地理和水文資料。因此，聚族而居的族居制度漸次取代逐水草而居的范式。是故，氏族興焉。隨著農業之興起，各地都有大家大姓的豪族出現。加上因宗法制的推行，各氏族、宗族之間為了鞏固其自身經濟和政治利益，對其自身的身份認同就有十分之必要。因此，開始修其一家一姓之譜牒矣。此乃私修譜牒之肇始也。

1.2 譜牒類別

按照譜牒撰寫的功能性與對象之不同，可以將它歸納六大類別：（一）碑譜、（二）玉牒、（三）統譜、（四）宗譜、（五）支譜和房譜、（六）家譜。

其功能性如下：

（一）碑譜：

碑譜是一特殊時期記載譜系的形式，這種形式最早出現於漢取代。它是將某人的世系源流，包括先祖出仕當官等家世刻於石碑上。這種以石刻為記的家譜最著名的有二。第一個是《孫叔敖碑》，立於漢桓帝延熹三年（公元16年）。該碑由孫氏子孫居位地之縣令段光所撰刻。第二個著名的碑譜為《趙寬碑》，立於東漢光和三年（公元180年）立。該碑陰額上以隸書題字，名為《三老趙掾之碑》。該碑石於1943年4月發現於青海省樂都縣，是現今漢碑中記錄至為詳盡世系的一塊碑譜。

石刻譜牒之遺風，到

圖12：趙寬碑拓片

圖片來源：青海省博物館，《館藏精品——漢三㕙通寶碑》（六），弘博網，2021年4月27日

南北朝時代還可看見。如西安出土的《韋彧墓誌》，其記敍了姓氏起源，遠祖和近祖等。[21] 至南北宋時，因戰事頻繁，大族南遷，使官、民間的修譜帶來不便與存放困難。很多人因此將族譜刻石，以保存族譜中重要資訊。

　　元代也有將族譜刻於石碑的例子。例如四川資陽史氏家族，便有《資陽故譜》石刻。[22] 元人之石譜，大多刻於墓碑後面。

　　（二）玉牒：

　　玉牒之名稱乃始見於唐代。唐文宗正式把皇家之族譜賜正名為「玉牒」。後世人稱「天家玉牒」。一旦名字列入玉牒，則成為皇族的一份子，可享有統治階級皇室特權，包括：政治、經濟領域內各種權利之憑證，成為天潢貴胄。除非觸犯了大逆不道或謀反之罪，不可赦免外，按「八議之條」，所干犯之罪均可一律減免二級，或從輕發落，或以罰錢和俸祿抵罪。

　　所謂「八議制度」是涉及八種特殊人士干犯罪行後可以享受到特權的規定。它源自曹魏時期制定的《魏律》之十八篇中「八辟之制」。其內容如下：

　　1.議親（即皇族成員）

　　2.議故（皇帝或先皇的老故舊）

　　3.議賢

　　4.議能

　　5.議功

　　6.議貴

　　7.議勤

　　8.議賓（前朝皇帝的後代）

　　上述八類人物，犯一般死罪可以不判死刑，減為流刑；

21　范兆飛，〈中古早期譜系、譜牒與墓誌關係辨證〉，《中國史研究》，2021 年第 2 期，頁 85-104。

22　虞集，〈題史秉文資陽故譜序〉，《道園學古錄》（收入《四部叢刊初編》，第 1440 冊，景上海涵芬樓藏明刊本），第 5 冊。

流罪之干犯罪者可享有自動減刑一等的優待。惟干犯「十惡」大罪者則不適用。

《玉牒》制度之執行，一直沿用到清朝。

（三）**統譜：**

又稱為「統宗世譜，大成譜，兌譜」。它包括同姓和異姓統譜。前者是指一姓氏之世系流變。自明朝起，涵蓋各地宗支於一部譜牒之統譜開始出現。例如：明嘉靖年間由張憲，張輝陽編修的《張氏統宗世譜》。異姓統譜又稱萬姓統譜，試圖記載中國各姓氏之世系流變。例如：明代凌迪知所編修的《萬姓統譜》，是其代表。

（四）**宗譜：**

宗譜，乃同一祖先之名支系的完整譜牒。例如：《孔子世家譜》。它是千古之來唯一被允許使用「世家」之名的。因為這是諸候才可使用之名號的民間宗譜。究其因，或許是孔子被尊為「萬世師表」，亦曾有被封為「素王」之名乎！

（五）**支譜和房譜：**

指同一姓之始遷祖到某地開基。此開基祖的子孫後裔則相對始遷祖而言，則是別為支。因此，支譜均為各個開基祖後裔之世系流變之記錄。它又名為房譜。

（六）**家譜：**

族譜是指記述和記錄始遷祖繁衍作為一個大家族的過程。一般而言，家譜比較着重五服以內的直系祖先式橫向儕友血緣紀錄。實質上，家譜與族譜差異不太大。

2. 族譜的嬗變

　　誠如前文所述，人類社會從啟蒙進入早期文明時代，對其先祖世系均有所記述。簡而言之，是由口述，即口耳相傳，到文字的發明而日趨完備。無論東西方文化有何差異，對追述先祖世系的交替傳承，都不謀而合。此乃一世界性的文化現象。

　　以西方社會為例，《聖經》一書中的〈舊約〉乃希伯來民族，即今天以色列人或猶太人的先祖的歷史記述。我們從《聖經‧舊約》經文中〈創世紀〉和〈歷代志上〉中，均記載口述中的亞當夏娃、至亞伯拉罕，到所羅門王的世系。

　　在東方中華民族發展的進程中，亦有類似的口述世系之記載。《山海經》亦有記載了上古三皇五帝中，炎帝一族的世系：

> 「炎帝之妻，赤水之子聽訞生炎居，炎居生節並，節並生戲器，戲器生祝融，祝融降處于江水，生共工，共工生術器，術器首方顛，……共工生后土，后土生噎鳴，噎鳴生歲十有二。」

又記述了帝俊之氏族源考：

> 「帝俊生禺號，禺號生淫梁，淫梁生番禺，是始為舟。番禺生奚仲，奚仲生吉光，吉光是始以木為車。」[23]

　　因此，充份說明中國在處於氏族社會的歷史階段時，口述譜系已經存在。隨文字書契的出現，使家族譜系更臻清楚。是故，《周易‧系辭下》曰：「上古結繩而治，後世聖

23　《山海經》，（收入《四部叢刊初編》，第 466 冊，景江安傅氏雙鑑樓藏明成化庚寅刊本），〈海內經〉，第二冊，頁 175-176。

人易之以書契」。

2.1 甲骨文中的「家譜刻辭」與中國最早的一部家譜

英國大不列顛圖書館典藏一片牛胛骨，乃1903年美國人方法斂（Frank Herring Chalfant）所收藏。該片甲骨從右到左，刻有十三短行，以示世系。經陳夢家考證後，得出如下文字：[24]

兒先祖曰吹。

吹子曰戠。

戠子曰**𣪊**。

𣪊子曰雀。

雀子曰壹。

壹弟曰启。

壹子曰喪。

喪子曰养。

养子曰洪。

洪子曰御。

御弟曰伇。

御子曰𡡉。

圖13：胛骨文字

圖片來源：黃國輝：〈「家譜刻辭」研究新證〉，載李克勤編：《出土文獻（第三輯）》。

24　黃國輝：〈"家譜刻辭"研究新證〉，載李克勤編：《出土文獻（第三輯）》（上海：中西書局，2012），頁78。

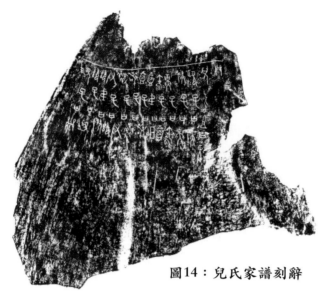

圖14：兒氏家譜刻辭

圖片來源：國輝：〈「家譜刻
辭」研究新證〉，載李克勤編：
《出土文獻（第三輯）》。

　　此片胛骨被收錄於《庫方二氏藏甲骨卜辭》一書，序號
為1506。其真偽曾一度引起兩大派系的爭議。認為此乃偽刻
的有容庚、郭沫若、胡厚宣諸大家；而持正面看法者，則有
陳夢家、李學勤[25]、于省吾和張政烺等大家。基於兩派均是
甲骨文學的研究名家，因而難以摘定真偽。但近代台灣有張
秉權認為「從發現『家譜刻辭』時間之早來判斷，認為不能
是作偽」。[26]因此，這片「胛骨刻辭」乃中國最早的一部家
譜無疑。

25　李學勤：〈關於英國所藏甲骨的幾件事〉，《書品》，1987 年第 2
　　期。

26　張秉權：〈中國最早的家譜——牛胛骨上的兒氏族譜〉，載《第
　　三屆亞洲族譜學術研究會會議記錄》（台北：聯經出版事業公
　　司，1987），頁 25-43。

2.2 夏、商、周時期的譜系發展

　　從考古文物的發掘和古史籍的考據，中華民族自夏代始，夏族已成為眾多氏族之首。禹治水有功，是以得舜禪讓，建立夏王朝。禹因治黃河水患而巡遍九洲，吸取其父鯀以堵為主的治洪失敗教訓，改而利用疏理河道、涉洪為止的手段，進而教民農耕之法。先民因而逐漸由狩獵遊牧，進入以農耕為主的經濟社會，有別周邊仍處於遊牧經濟的夷。夏族發展成為往後中華民族的主心骨。是故，國家形態漸次形成。城市的出現，更是文明的徵兆。但當時的國家仍然是一個以強大氏族為核心，各個較為弱勢的氏族均是以加盟的方式，組織成為一個強大的統治集團，類似今天所謂的加盟共和國。古代則以邦國諸侯的名稱，各自擁有一定的武裝力量和經濟主權。各加盟者以向天子納貢或朝貢方式，表達政治上的臣屬關係。而夏朝時商民族、商朝時周族都是以納貢形式以表忠誠。

　　為了鞏固政權和統治地位，主要官員的任用均以直接血緣或姻親關係為主。是故，譜牒之記述至為重要。別親疏之終極意義，除了釐清對祖先牌位的序列尊卑，以行祭祀之禮。更重要者，乃是把政權牢牢掌握手中，分享生產資料、成果和管控在征戰中被擊敗而淪落或收歸的奴隸和氏族。因此，自夏朝始，世系的傳承和記述均有特定官員處理和記錄下來。

2.2.1 銘文中的商代家族譜牒

　　夏商時期，文字已經出現。古代書寫文字的方法除「契」（刻於龜甲和牛胛骨上，又稱卜辭）和「鑄」（在鐘鼎上刻字）外，還有「書」和「印」。「書」是用筆寫在竹木簡、帛和紙上。「印」是在模上刻字，然後印在陶器或封泥上。由於竹木簡、帛、紙都容易變壞。所以，很多漢代以前，尤其是夏商周三代的文獻資料已蕩然無存，不可考矣。

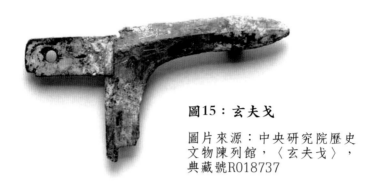

圖15：玄夫戈

圖片來源：中央研究院歷史
文物陳列館，〈玄夫戈〉，
典藏號R018737

　　惟刻於龜板及牛胛骨上之資料，被考古發掘出土而得以
保存。特別是鑄於鐘鼎上的銘文，又稱「金文」，不容易腐爛
和毀丟，對後世研究古代文明發展進程提供了一條珍貴的線
索。

　　在河北易州出土了三件商代的戈[27]。戈上發現的銘文經
學者考究後得出結論，在商代已有家族譜的記載。把三件
出土的戈銘排序，學者命名第一件為：六祖戈。因除太祖外，
六祖並列；第二件名為：六父戈，因為除一位祖外，列有六
父；第三件為：六兄戈。因共列六兄。陳夢家分析認為：

> 「三戈分別列祖輩、父輩、兄輩六名，六
> 父戈的『且日乙』，高於六父一輩，則六祖戈的
> 『大且日己』可能也高於六祖，所以三世都以六
> 為基數……同名者可能屬於不同的房，若此為可
> 能，則作器者所宗之六兄從同父的親兄弟，直到
> 同高祖之父的不從兄，加上同始祖的從兄，共為
> 六世。」[28]

27　戈：武器名。為長柄橫刃的平頭戟。

28　陳夢家，《殷墟卜辭綜述》（北京：科學出版社，1956年），頁 500
　，轉引自常建華：《中華文化通志•宗族志》（上海：上海人民出版
　社，1998 年），頁 229。

　　以這種銘於三個戈上序列而形成世系的目的，不單只是記敍譜系的最早期的文獻，亦說明中國宗族制度，源遠流長。

　　茲附錄「易州三戈」之銘文如下：

大[29]								
且	且	且	且	且	且	且[30]		
日	日	日	日	日	日	日	六祖戈	（第一件戈銘）
己	丁	乙	庚	丁	己	己		

大	大	中						
且	父	父	父	父	父	父		
日	日	日	日	日	日	日	六父戈	（第二件戈銘）
乙	癸	癸	癸	癸	辛	己		

大							
兄	兄	兄	兄	兄	兄		
日	日	日	日	日	日	六兄戈	（第三件戈銘）
己	戊	壬	癸	癸	丙		

2.2.2 周代官修譜牒之肇始

　　武王滅紂，建立周朝，創立中國上古時期的一個輝煌的封建帝國。其所建立的國家管治制度及宗法制度影響了中國幾千年的管治架構。雖然秦滅六國，統一中原，改封建為郡縣制，然其中央政府的六卿之建制如吏、戶、禮、兵、刑、工之設，均為往後朝代管治者所效法，基本上沿用至有清一代。在汲取和完善夏商時期的宗族和禮制的基礎上，制定宗法制度，對中國的政治傳承和社會道德有極其深遠的影響。

　　周代官修譜牒乃宗法制度的一個重要組成部份，確保有

29　「大」與「太」同義
30　「大」與「太」同義

一個清晰的血緣親疏之關係證據，以利周天子推行分封餘子和諸侯，並防止祭祀上有任何潛越行為。是故，周代設有太史和瞽矇等專責官員，分管周天子之世系和諸侯卿大夫等的宗族譜系資料。据《周禮·春官》記載：「小史掌邦之志，奠世系，辨昭穆，若有事，則詔王之忌諱。」因此，周代的宗譜可分兩大類別。（一）周天子家譜及（二）諸侯卿大夫之家譜。

按《史記》云：「幽厲之後，周室衰微，諸侯專政，《春秋》有所不記，而譜牒經略。」此乃證明歷代周天子均有世系之譜牒。而司馬遷對有關諸侯家譜的事則有如下說法：「自殷以前諸侯不可得而譜，周以後乃頗可著」[31]。「譜牒獨記世謚，其辭略。」[32]。所以，可知周代譜牒的範式是只記述世次，人名的簡略記錄。

《世本》

《世本》是一本追溯世系源流之書，是一部系統地記述周代譜牒學之著作，大約成書於春秋末期或戰國時代。

《世本》最早見於《漢書·藝文志》。《世本》以編年體的形式撰寫，記敍分為十五篇，為先秦史官記錄自黃帝至春秋時代諸侯大夫的世系謚名號等。經漢劉向纂輯和東漢宋衷整理。所以《世本》在東漢後分為古《世本》和諸家注本兩類別。

古《世本》包括劉向等人之注本在南宋時期已亡佚。後世經纂集輯錄，清中葉後，《世本》傳下來的計有八家版本。其中馮延翼，茆洋林、張澍粹和雷學淇等四輯版本被收入《叢書集成》。1957年商務印書館將前後八種纂集版本合刊為《世本八種》一書面世。

---

31   司馬遷，《史記》〈三代世表〉。
32   司馬遷，《史記》〈三代世表〉。

鑄於青銅器（鐘、盤和鼎）上的家譜

　　夏商周三代，用青銅器製成的器皿，例如鐘、盤和鼎等器物主要陳設於宗廟之上，供祭祖敬天之用。器皿上均鑄有銘名，內容主要讚述祖先生平行狀和功德等。據《禮記》曰：

> 「夫鼎有銘，銘者，自名也。自名以稱揚其之美，而明著於後世也。……銘之義，稱美而不稱惡，此孝子孝孫之心也，唯賢者能之。銘者，論撰其先祖之有德善、功烈、勳烈、慶賀、聲名，列於天下，而酌之祭器，自成其名焉，以祀其先祖者也。」[33]

　　故荀子曰：「銘誄系世，敬傳其名」，實質乃家譜矣！
　　二十世紀五十年代後、中國科學院考古研究所先後在陝西省寶雞市扶風，岐山一帶的周原遺址，即周代文化的發源地發掘出大量的青銅器。其中有三件具代表性的器物，作為周代已存在譜牒式家譜的證據：

（一）微氏家族的墙盤

圖片來源：〈鑄有284字銘文的史墙盤記載大半個西周史〉，《華西都市報》，2022年6月12日

33　《禮記》，《御定仿宋相台岳氏本五經》本，卷14，〈祭統〉。

（二）虢季氏的師丞鐘

圖片來源：星球研究
所，〈中國的青銅
時代，有多震撼？〉
，2022年6月29日

（三）畿內井氏的禹鼎

圖片來自：寶雞
市考古研究所，
〈追尋陳倉古國
（六）──邢、
井兩國一家親〉

2.3秦漢時期家譜的發展狀況

　　周朝後期，禮崩樂壞，在經歷了二百多春秋戰國時的諸侯割據，周代的宗法制下分封制受到嚴重的衝擊破壞。連年的戰爭導致大規模的人口流徙，使聚族而居的情況發生了很大變化。特別是秦統一天下後，改封建為郡縣制，並執行「徙天下豪富於咸陽」的政策等多項因素，譜牒之學沒有存在發展之空間，因而廢止。唯秦之國祚二代而亡。所以譜牒制度在有秦一代，可以算是留白了。

　　秦之後，劉邦取而代之，建立了中國歷史上最偉大的皇朝之一，史家稱之為「漢、唐盛世」。

　　雖漢代分為東西兩漢，但其國祚約三百多年，為社會帶來一個相對長治久安的局面。宗族經秦火洗禮後，得以休養生息，世家大族重新整合和發展，譜牒之制重新受到關注。特別是姓氏之學的研究更取得一定成績。期間的代表人物有王符和應劭。王符在其著述《潛夫論》對姓氏之學有如下之總結：

　　　　「易曰：『君子以類族辯物』，『多識前言往行以蓄其德』，『學以聚之，問以辯之。』故略觀世記，采經書，依國士，及有明文，以贊聖賢之後，班族類之祖，言氏姓之出，序此假意二篇，以貽後賢今焉也。」[34]

　　雖漢代之家譜，並沒有留傳下來而無法證實它的存在。唯漢代乃中國史學大放異彩的時期。三位史學大家如司馬遷、班固和范曄，特別是司馬氏所作之《史記》以傳記體例寫成第一部中國通史。《史記》中的〈太史公自序〉和《漢書》中的〈敍傳〉均有他們對各自的世系得姓之由來和其後傳承的詳細敍述。此點與譜牒的記敍有異曲同工之妙。司馬

34　王符，《潛夫論》，（收入《四部叢刊初編》，第334-335冊，景江南圖書館藏述古堂景宋精寫本），卷9，〈志氏姓〉，頁140。

遷在《史記》首創〈三代世表〉，對後世修譜時的世系編纂有重大影響。由是觀之，漢代雖無家譜之發現，但從史班之史書裏，我們有理由相信，譜牒是一個該有的存在。否則史班二氏不可能憑空臆度其先祖之事蹟。我們或許從而得出一個合理的推論，漢代非無譜也，而是藏於史中矣！

　　漢代還有一種特殊的譜碟形式是碑譜。（有關碑譜之介紹，可參閱本章第2.2節：譜牒之類別一文。）最有代表性的兩塊譜碑。（一）乃立於漢桓帝延熹三年（公元16年）的《孫叔敖碑》。（二）立於東漢光和之年（公元180年）的趙寬碑。

　　東漢時期亦有專門記載世家大族仕宦的「官譜」。例如在《隋書·經籍志》載有東漢《鄧氏官譜》。

2.4魏晉南北朝以迄唐初時期的譜牒發展

（一）官修家譜

　　自魏晉到隋唐的三百六十多年間，士族勢力極度擴張，門第之見是社會的共識。「九品中正制」作為國家任用官員準則，譜牒因此便成為任官和名門士族的身份憑據。期間知名的譜學家輩出，如摯虞、王儉、劉湛、賈弼父子孫三代均為譜學世家。[35]

　　東晉太武帝元年間，「有司選舉，必稽譜籍，而考其真偽」[36]，而賈弼「廣集百氏譜記」，[37]在令史書吏的協助下編撰了《姓氏簿狀》，含十八州百十六郡，合共七百一十二篇。「凡諸大品，略無遺闕，藏在秘閣，副在左戶」。[38]

　　在南朝時，王儉領吏部，以劉湛所撰之《百家譜》為基

35　蕭子顯：《南齊書》（香港：中華書局，2000），卷五十二，〈文學〉，頁907。

36　歐陽修：《新唐書》，（收入《欽定四庫全書》，史部一），卷一百九十九，列傳一百二十四，〈儒學中〉。

37　蕭子顯：《南齊書》，卷五十二，〈文學〉，頁907。

38　李延壽：《南史》，卷五十九，〈王僧孺傳〉。

礎加以擴展。往後，凡任吏部官員都必須精通譜學。

　　鮮卑拓拔氏建立北魏帝國，統一北方諸國，史稱北朝，與南朝成對峙局面。北魏孝文帝拓拔宏推行全盤漢化。於太和十五年（公元495年）頒下詔令：

> 「代人諸冑，先無姓族……比欲制定姓族，事多未就……令司空公穆亮、領軍將軍元儼、中護軍廣陽王嘉、尚書陸琇等詳定北人姓，務令平均。隨所了者，三月一列簿帳，送門下以聞。」[39]

　　「簿帳」即效法中原之「簿狀」，目的要把其統治下之各郡士族按門第之高低列成表格，稱為「方司格」，以供日後委任官員之用。正如《舊唐書‧經籍志》與《新唐書‧藝文志》所載的「後魏方司格」就是一種譜牒之書也。

　　這是一種張冠李戴，生硬彷效魏晉下迄南朝漢人的「九品中正制」。因鮮卑人沒有姓氏，於是強制其族眾一律採用漢人姓氏。他本人則改元姓，並制造出新的姓氏。而鮮卑貴族姓氏稱「國姓」，最尊貴的有「八姓」：穆、陸、賀、劉、樓、于、嵇和尉。至於漢族以郡為單位，每郡選定做官人數最多而品佚又高的姓氏為「郡姓」，共「五姓」，即隴西李氏、范陽盧氏、太原王氏、滎陽鄭氏、清河崔氏。而門第世家又分為六等。

　　魏晉南北朝時間的譜牒不僅是區分士庶，亦是國家在徵用人民徭役與否的準則。據杜佑《通典‧食貨典》所記載，於天監初，尚書沈約利用所保存下來的晉宋舊戶籍來糾正當時的家譜，也可以界定為那個時期的官修家譜。

（二）私修家譜

　　魏晉南北朝期間的私修家譜和譜牒學之研究十分興盛，這得益於當時門第之風氣和政府用人按「譜」而非任人為賢

39　李延壽：《南史》，卷五十九，〈王僧孺傳〉。

的「九品中正制」。觀史籍記載，大姓家譜很多，據《舊唐書·經籍志》載：「《韋氏家傳》三卷，皇甫謐撰」已說明。如梁朝劉孝標《世說新語》引家譜數十種；又，《隋書·經籍志》亦記有《京兆韋氏譜》、《楊氏血脈譜》、《蘇氏譜》、《北地傅氏譜》等。另，〈鮑丘水〉所引用之《陽氏譜·序》，[40]均說明這期間民間私修家譜之盛。

　　上世紀七十年代，新疆吐魯番阿斯塔納古墓群出土了兩件經考證是屬於北魏和北周的家譜殘件，乃北朝家譜存在的實物證據。[41]北朝家譜體制主要包括譜系和敍。譜系列人名、官爵及簡歷，敍則述其氏姓之由來及作譜之緣起。

2.5 唐代《氏族志》之編纂

　　唐朝貞觀年間，修纂了一部大型官書：《氏族志》。

　　隋末群雄並起，隴西李淵起兵太原，建立唐帝國。後經玄武門之變，禪位與二子李世民，是為太宗，開創出史上有名的貞觀之治。唐朝建立後，廢除了隋朝的九品中正制，一改以往氏族憑藉九品中正制而取得的政治地位。同時，為了鞏固李氏政權的需要，對以往特別是山東世家大族如：崔，盧，李，鄭四姓的傲慢進行壓抑，故重新衡量族姓的標準。唐太宗詔高士廉等，

> 「責天下譜牒，參考史傳，檢正真偽，進忠賢，退悖惡，先宗室，後外戚，退新門，進舊望，右膏粱，左寒畯，合二百九十三姓，千六百五十一家，為九等，號《氏族志》。」[42]

40　《水經注疏》卷十四，〈鮑丘水〉，頁 1234。

41　李裕民：〈北朝家譜研究〉，《譜牒學研究》第 3 輯（北京：書目文獻出版社，1992）。

42　歐陽修：《新唐書》，卷九十五，列傳二十，〈高儉〉。

又命令崔幹「以今日冠冕為等級高下」。[43]

《氏族志》編纂工作始於貞觀六年（632年），於貞觀十二年（638年）修訂後頒布。《氏族志》中，族姓分作上、中、下等，內再分為上、中、下三個層次，共九個階段等級。該書主要目的為刊正姓氏，是一種釐定各姓氏族社會地位的譜牒。

隨着唐太宗頒行科舉制，很多寒門庶子通過考試，進入權力架構。從基本上改變了魏晉南北朝的「上品無寒門，下品無世族」的政治格局。所謂「士族」是指那些門第高闊，累代為官等顯貴之家，與之相對的則稱為「庶族」。

2.5.1 《氏族志》之第一次修訂

在《氏族志》撰寫後二十年間，由於太宗皇帝開科取士，很多庶族子弟通過科舉而入仕，惟社會地位因有《氏族志》的規定而得不到社會的認許。

此外，武則天為了攏絡科舉新貴的庶族支持，於是支持許敬宗、李義府等人修改《氏族志》，「以仕唐官至五品皆昇士流」。[44]

唐高宗顯慶四年（公元659年）正式修訂《氏族志》，改名《姓氏譜》。[45]全書共二百卷。合計二百三十五姓，二千二百八十七家，按官職刊定，提昇了以科舉入仕的庶族的社會和政治地位。

2.5.2 《氏族志》的第二次修訂

第二次修訂時間在唐中宗神龍至玄宗開元年間。據《唐會要》卷三六〈氏族〉作：「神龍元年五月十六日」。而宋《冊府元龜》則記為「神龍三年五月」，柳沖向中宗皇帝建

43　歐陽修：《新唐書》，卷九十五，列傳二十，〈高竇〉。

44　歐陽修：《新唐書》，卷二百二十三上，列傳第一百四十八上，〈姦臣〉。

45　歐陽修：《新唐書》，卷九十五，列傳二十，〈高竇〉。

議重修《氏族志》，並重新訂出如下標準：

> 「仍令取其高名盛德，素業門風，國籍相傳，
> 士林標準；次復勳庸克懋，榮絕當朝，中外相輝，
> 譽兼時望者，各為等列。其諸蕃酋長曉襲冠帶者，
> 亦別為一品。目為《唐姓族系錄》二百卷。」[46]

該書於先天二年三月（公元713年）完成，後又在玄宗
開元初復詔柳沖和薛南金等修改至開元二年七月（公元714
年）書乃成。[47]是故，爭議多年的士庶之別的界限，大為改
善，官修譜牒受重視的程度有所減弱。

此乃《氏族志》第二次修訂及最後一次修訂。

2.5.3《元和姓纂》

《元和姓纂》則是另一部受皇命修撰的譜牒。憲宗時由
王涯領銜修纂，唯因「甘露之變」王氏一家為宦官坑殺，並
冠以污名，於是改以林寶修撰。[48]是書引用了大量官員自報
家族仕宦和世次的《家狀》，可以說是為了當時政治環境和
政府的意圖而編撰，帶有濃厚官修的意味。

2.5.4 小結

然而，終唐一代基於長久以來士族盤踞社會上層和傳統
觀念使然，名門氏族通過聯姻關係，仍然是有一定的影響，
被視社會身份的象徵。故士庶之別，仍舊是社會上階級分別
之標準。是個「人尚譜系之學，家藏譜系之書」的年代。

唐後期於天寶年間，李林甫等撰《天下郡望姓氏族

46　王欽若、楊億，《冊府元龜》，收入《欽定四庫全書》，卷五百六
十，〈國史部〉。

47　歐陽修，《新唐書》，收入《欽定四庫全書》，卷一百九十九，列
傳一百二十四，〈儒學中〉。

48　王仲犖，〈《元和姓纂四校記》書後〉《（山昔）華山館叢稿續
編》（中華書局，1987）。

譜》。記郡望出處共三百九十八姓，並據此頒下非譜裔相承者，不能通婚之令。

在《氏族志》的基礎上，士大夫們都修起各自的家譜。正如朱熹在《胡氏族譜序》說：「唐人重世族，故譜牒家有之」。[49]證明私修家譜是當時社會已是相當普及了。

在此，僅引述台灣學者陳捷先所撰《唐代族譜略述》所作的結論為本章節的結束：

> 「唐代的族譜大致說來可以分為簿狀與譜系兩大類，前者為官譜，後者為私譜。簿狀主要記姓源、門第、婚姻、官宦等事，是炫耀家世、進入仕途的一種實用證明文件，就體例上看，這種文件是與魏晉南北朝一脈相承的。譜系雖然也具有辨姓氏、聯婚姻、明官爵等的內容；但記事不必依循政府的規定，內涵顯然比較擴大自由，家族中大小事務都可入譜。唐代族譜除尚門第之外，對婦女外家的重視也頗有魏晉南北朝的遺風。另外唐代族譜也有尊祖敬宗的思想，且具維系宗族的力量，惟不如宋代以後那樣的強合宗法於譜法，更不見睦宗族、化風俗的大理想。至於唐代制作的族譜數量，盡管目前不能確知，為數實多應該是意料中事。總之，以上的這些事實是由於唐代仍有世族存在，且有新舊世族之爭，因此族譜的體例與內容也就不失魏晉以來舊規了。」

2.6 宋代族譜功能之變化與革新

唐代經安史之亂後，中央集權制度受到嚴重衝擊，地區藩鎮擁兵割據，局面失控。更加上唐末黃巢起義，雖最終失

49　朱熹，《胡氏族譜序》，《古今圖書集成・明倫滙編・氏族典》，卷八十六。

敗，卻引出了一大批軍閥各自為王，唐朝盛世告終，出現五代十國的封建分裂的衰世時代。

在中原割據的先後有五個小王朝，即後梁、後唐、後晉、後漢、後周。而中原以外則分裂為十國：吳、南唐、前蜀、後蜀、吳越、楚、閩、南漢、南平和北漢。

五十三年之間，易五姓十三君。歐陽修在《新五代史》形容這個時期為：「於此之時，天下大亂，中國之禍，篡弒相尋」。[50]「禮樂崩壞，三綱五常之道絕，而先王之制度文章，掃地而盡於是矣！」[51]

由此可見，因連年戰亂及其引發人口流徙，以往所謂的門閥制度因而衰落。無論是官修譜牒或私修家譜，也因政治和經濟制度的劇變再沒有以前的光環。世家大族難以利用族譜之血緣關係而取得政治和社會地位。隨著宋趙家皇朝的興起，族譜的功能作用為了適應新時代而有所變化。

族譜以往的主要功能是以選舉入仕和聯姻為目的，搖身一變改為以收族為主要目的。因此，族譜之修撰除了記載姓氏、世系、仕宦、婚姻，進一步涵蓋整個大宗和小宗之宗族制。這新型的小宗譜法制度，自宋代始，經歷元、明、清先後完善並應用至今。

宋代族譜之編撰是族譜史上的一個重要分水嶺。歐陽修與蘇洵所創立的新型族譜的撰寫方法，對重新確認宗法制度下大宗、小宗的傳承，收族均起了重要作用。歐、蘇兩譜例的共通點是詳近而略遠，此點亦成為日後中國人編撰族譜、宗譜的範式。

2.6.1 歐陽修所創立之譜例特色

在宋仁宗皇祐年間歐陽修完成編撰其族譜，名為《歐陽

50　歐陽修，《新五代史》，卷 61，《武英殿二十四史》本，〈吳世家第一〉。

51　歐陽修，《新五代史》，卷 17，《武英殿二十四史》本，〈晉家人傳第五〉。

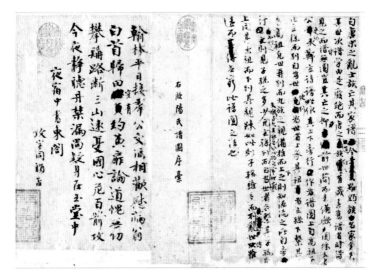

圖16：歐陽氏譜圖序稿

圖片來源：張璋，〈歐陽修《譜圖序稿》〉，中國書畫網。

修氏譜圖序》。該《圖譜》有下列特點：

（一）《歐陽氏譜圖序》內容包括：《序》和《譜圖》，
　　　視為合譜牒於一書之先例。

（二）《譜圖》乃仿效司馬遷《史記》之〈三代系
　　　表〉，旁行斜上，及班固《漢書》中的〈王子侯
　　　表〉等，敍五世後再行另敍。所謂五世者，乃上
　　　至高祖，下止玄孫。

（三）歐譜所用的五世一遷之法根源自周代五世一遷之小
　　　宗法，並按此合於其族譜中。以五世親盡，親盡
　　　則遷，故另為一圖。

2.6.2蘇洵創立之譜例

　　蘇洵乃唐宋八大家之一及蘇軾、蘇轍之父。他將修編族
譜作為收族手段。其所創立的譜例涵蓋以下六項內容：

（一）《譜例》指出修譜之意義

（二）族譜修撰目的，敍述方法和《世系圖》

（三）《族譜後錄上篇》乃先世考辨及敍述方法。

（四）《族譜後錄下篇》乃記敍「所聞先世之行」，類似
　　　後世之人物傳記。

（五）《大宗譜法》此種記載宗族譜系之方法，其目的是
　　　準備將來編收大宗譜之用。但實質而言，蘇氏是以
　　　小宗譜法為用時亦指出：「凡嫡子而後得為譜，
　　　為譜者，皆存其高祖，而遷其高祖之父」。蘇氏圖
　　　譜只載五世，五世以外，則親盡服窮，《圖表》不
　　　載。因此，只有嫡長子可以纂修族譜。又指出：「
　　　古者惟天子之子與始為大夫者，而後可以為大宗，
　　　其餘則否。獨小宗之法，猶可施於天下，故為族譜
　　　皆從小宗。」[52]

　　由於這種小宗譜法不斷衍生支譜，而據此將各支譜整
合，則大宗譜可成焉！

小　結

　　由於宋太祖以杯酒釋兵權，奠下「偃武興文」治國之
大政方針，宋雖然文化發達而武功不足，屢遭外患困擾，戰
爭頻仍。但北宋時有歐陽修和蘇洵等譜例之出台，客觀上對
修譜等事帶來一定層面上的影響。其後，宋室南渡，換來了
個百年偏安之局。南宋皇朝喘定後，民間開始關注族譜之編
撰。在宗法制和傳統儒家思想的影響下，通過慎終追遠，表
達對北方故土、故鄉和故人的思念。而江南原有之大族，甚
至從前遠離京師之西南偏遠地區，如兩廣、閩、湘等地，都
開始效法歐、蘇譜例進行修譜，以凝聚族眾。在敬祖歸宗的
思想下，起收族而達至保家衛族，衛國之功能。

　　雖然，有宋一代族譜的編撰已沒有如唐代由朝廷主導，
大多數以私修為主。如清代學人錢大昕云：「五季之亂，譜

52　歸有光，《震川集》（收入《欽定四庫全書》，集部六，第1289
　　冊），卷3，〈譜例論〉，頁7。

牒散失。至宋而私譜盛行，朝廷不復過而問焉。」[53]唯據江西宜春《袁邑劉氏族譜》卷一所載〈宋真宗皇帝敕文武群臣修家譜詔〉，要求官員「各述祖宗本末，以進朕省覽，以知我朝人物之盛……秩秩昭穆，則知祖宗之有自。」[54]

另據湘南《長沙澗塘王氏六修族譜》記載，南宋中葉寧宗十年（公元1704年）頒下《大宋寧宗修譜聖諭》云：「朕聞唐人重氏族，故譜牒具……人家子孫百世之下者，宜自立而無忝厥祖也，此朕所以致望天下者歟。」[55]

上引自兩本家譜，雖未見錄於史冊，但亦可作為佐證，說明族譜雖載一家一姓的來自，但對國家民族之凝聚與向心力，是歷朝歷代統治者所不能忽視的存在。

2.7 元朝 —— 一個異族統治下的譜牒修纂與發展

元朝是中國歷史上首個外族入主中原，強大的蒙古鐵騎吞金滅宋後，忽必烈定都大都（今北京），定國號為「大元」。

其國家政權管治方式主要沿用中國傳統制度，故中國傳統文化和制度依然得到尊重和有所發展。雖國祚只得九十七年，唯非制度之不全，實乃吏治腐敗之禍也。

族譜修纂作為中國宗法制的一個重要組成部份，於宋元一代仍得以承傳和發展。唯因宋元朝代交替，兵荒馬亂，有舉族遷徙或個別攜家帶眷避禍者，或歿於旅途，或遇盜賊被掠劫一空等，原因不一。大量的族譜或家譜因而遺佚，這情況於北方至為嚴重。

元代修譜主要是依據兩宋時的歐、蘇的小宗譜例，以五服之內的族人為主。唯有修譜者認為五服不能達至完全收族

53　錢大昕，《十駕齋養新錄》（上海，商務印書館，1935），卷12，頁268。

54　歐陽宗書，《中國家譜》（北京：新華出版社，1992），頁82-82。轉引自常建華，《中華文化通志》，頁272。

55　同註54。

之效，強調將出了服的族人收在一起，批評歐、蘇譜例存有
「隘」和「薄」之缺失。是故，元人修譜力求追溯到數十代
之遙。因此，在修譜過程中，用了很大功夫在搜集資料文獻
上。此外，元人族譜亦有將母親和妻族異姓合為一譜的。而
這種「合異」譜法，主要是同姓不同宗的「異」。其目的有
抬高身價之嫌。

而元代族譜力求追遠之世代記載，可由《四庫全書》所
載元人別集的譜序中看到。例子如下[56]：

	世代	資料出處
1	楚國左臣至高祖五十世	《剡源文集》卷十《秣陵翁氏譜序》
2	由唐至元十五世	《清容居士集》卷二二《廬陵羅氏世譜序》
3	曾祖至父三世	《申齋集》卷三《洛陽楊友直家譜序》
4	唐德宗至元二十五世	《待制集》一八《題谷平李氏家譜》
5	六十二世	《玩齋集‧拾遺‧陸氏世系表序》

元人族譜的譜序中的「凡例」之設，是其特色。茲錄元
末明初人吳海在其作《吳氏世譜序》中的「凡例」說明：

一、譜首為圖，具世次而派別之，以名系世，蓋署以考派
　　別則不紊。無後者直疏其下曰絕（原註：謂無子而
　　不置後者），有官者疏曰某官（原註：從後授）遷
　　居者曰遷某所。

一、首既為圖，以繫世次，次為譜。亦以派別，乃詳記名
　　字、行次、娶某氏、歷官某、生子幾人、某甲子生
　　年若干，卒葬某處、某人為誌，若遷居者，備述其
　　由。

一、譜後述先世家訓文字署者及墓誌，若先世著述文字多
　　者，別為集，不錄於此（原註：先世家訓及述子孫
　　保藏之，以傳後人）

56　《四庫全書》，轉引自常建華，《中華文化通志‧宗族志》，頁279-
　　280。

一、子孫名次，從水木火土金行為一世，五行相生，循環
　　無窮。

一、子孫行次五行，從名次五行，男陽女陰，世次易考
　　（原註：如名從水，則行次男壬一、女癸一；名從
　　木，則行次男甲一、女乙一之類）。每世從一起
　　數，則不相紊。

一、後世子孫有棄父母出家為僧、為道者不錄（原註：謂
　　不繫世次也）。

一、後世有無子不立宗人而以壻與外孫為繼者不錄，直疏
　　其下曰絕（原註：謂其自絕於祖宗也）

一、喪事不得用浮屠道士，營修科典，不惟於死者無益，
　　而生者重有損。

一、葬事隨力厚薄，不得用俗禮，焚化大不孝，後雖有
　　悔，終不能及。

一、浯州府君嘗謂海曰：吾行四方，樂鄒魯土風之厚，甚
　　欲徙居其地，萬一不能，汝能承吾志乎？[57]

　　元代因為是異族統治，將社會劃分為四個階層，即蒙古
人、色目人、漢人和南人。另又將職業劃分為十個級別，將
「儒」即讀書人列為九等。中國傳統知識份子，棟樑之材竟
被國家社稷列於娼之後，乞丐之前，誠令讀書人心寒。而讀
書人或入仕於元朝為官的漢人，都懷有一種悲情心態，期許
通過族譜或家譜的修纂，強化血緣和收族。達至出五服以外
的宗族都能拉近地緣關係，成就互保求存的血緣政治關係。

2.8 明代譜牒制度的發展

　　朱元璋推翻元朝蒙古人的統治，建立大明，恢復漢人衣
冠，奉儒家理學思想為正統。宗族制度下的孝、悌、忠、信，
慎終追遠等政治倫理因而得到知識份子階層的積極支持。而在

57　吳海，《聞過齋集》（收入《欽定四庫全書》，集部五，第1217
　　冊），卷1，頁3-5。

族譜的體例內容和編修上，亦比元朝有很大的改善。

明代譜牒的發展有如下亮點：

（一）修譜常態化

終明一代，族譜的修纂漸趨常態化，有五十年一修，三十年一修或十年一修等。而這種定期修譜的行為已成為日後宗族文化傳統之一。

（二）倣效以史、志體裁的修譜方法

自明初始，已有借鑑《史記》體裁的形式，如表、傳和志等撰寫家譜。洪武八年，大儒宋濂在《鳳山金氏宗譜序》云：「夫國有史則統明，家有譜則宗正。古之家譜必掌於史官者，以其事有同而所關非細故耳。」[58]明嘉靖十九年陳雍作《眉山陳山宗譜序》亦指：「國之有史，家之有譜一也。」[59]

此外，在明代的族譜中出現了大量有關宗族制度下的事物，如：祠堂、祀田、族規和家訓等記錄。

（三）將修譜作為強化和重整社會道德標準的教化手段

朱元璋於開國初期曾頒諭旨，即後來的「聖諭六言」，內容為：「孝順父母，恭敬長上，和睦鄉里，教訓子孫，各安生理，毋作非為。」要求人民有所遵從，並將「聖諭六言」載入族譜成為家規家訓，以達約束族眾向善，以盛世安民，貽子孫無窮福澤。此點亦符合儒家理想中的「修身齊家治國平天下」的訴求。統治者通過天下各氏姓修纂族譜而祈達至民眾道德教化之目的。

由於族譜的編撰摻和了國家倫理說教的工具而衍生了政治張力。這時期的族譜隨了承襲元代，族人若有為僧道者不得入譜之例。其後範圍更擴闊到若充當賤業如優伶、隸卒或巫祝等。訂立眾多對婦女貞節和名份的規條，如妾若生子則可入譜，被休掉的妻不入譜等。

58　宋濂，《宋濂全集》(浙江：浙江古籍出版社，1999)，卷4

59　《梅州陳氏家譜》卷首，轉引自常建華，《中華文化通志•宗族志》，頁292。

2.9 清朝——中國最後的皇朝對族譜的態度

　　清朝是歷史上繼蒙古族後第二個入主中原的非漢族統治者，統治時間比元朝多了近二百年。期間開拓出中國歷史上的一個文治武功之盛世——「康乾盛世」，亦是中國歷史上版圖最大的一個時期。在「滿漢一體」和懷柔與高壓手段的靈活運用下，成功取得了如蒙古一些少數民族方面的向心力，對中華民族這個大家庭的繼承和發展是有貢獻的。在這前提下，清皇朝治國理念和管治基本上是承襲了明朝的制度。期間雖曾大興文字獄，然亦對中國傳統文化，特別是儒家孔孟思想極度重視和推崇。其中一項是對明十三陵帝后陵墓群的尊重和保護，贏得了一眾明朝遺老和漢人的寬心。清同時推行了「以孝治天下」的中國傳統政治倫理。我們試從「以孝治天下」為綱對傳統宗族制度的族譜編纂的影響。

　　滿清入關後，三位皇帝先後發表上諭：

　　（一）順治九年將明太祖朱元璋的「聖諭六言」中第二言的「尊」作「恭」，和第六言的「毋」改作「無」，並頒行八旗及各省。

　　（二）康熙九年頒布「聖諭十六條」：

　　　　「凡敦孝弟以重人倫，篤宗族以昭雍睦，和鄉黨以息爭訟，重農桑以足衣食，尚節儉以惜財用，隆學校以端士習，黜異端以崇正學，講法律以儆愚頑，明禮讓以厚風俗，務本業以定民志，訓子弟以禁非為，息誣告以全良善，誡窩逃以免株連，完錢糧以省催科，聯保甲以弭盜賊，解仇忿以重身命。」[60]

　　（三）雍正帝將「聖諭十六條」進一步解釋，並將內容歸

60　馬齊等修，《清聖祖實錄》（北京：中華書局，1985），第 4 冊，卷34，頁461b。

圖17：聖諭十六條

納為「聖諭廣訓」。其中對「篤宗族以昭雍睦」引申出「修
族譜以聯疏遠」之旨。並以「聖諭廣訓」為上諭頒布天下，
以收家喻戶曉之效。

　　在這樣的政治大環境下，修譜不單是收族的行為，而是
各大小臣工和士庶向朝廷表忠的政治表態。此其時也，孝治
與族譜的編撰已成一塊銀幣的兩面。很多氏族在修譜，無論
是宗族、族譜、家譜或家乘，均將上諭十六條書寫和懸掛於
宗祠之上首或被引於宗規家訓，以管束族人。這種風氣一直
奉行到民國初至中期。上圖乃作者至香港新界廈村鄉鄧氏宗
祠所攝，清康熙帝《聖諭十六條》懸掛於祠堂正中上樑，存
活至今。族譜的修纂靡然成風，族權逐漸膨脹。

2.9.1 修譜與禁譜之爭議

　　清代統治者大力推崇修譜的主要目的是化孝為忠。這也
是以孝治天下的管治手段。通過孝以達致一眾臣民懷忠君愛國
之意識。是故皇權、族權和父權乃三位一體。但基於清朝是以

一個少數民族去管治以漢族位主體的國家，因此非常忌憚漢人用聯宗的方式連結為一龐大的氏族組織。若有人用民族情感來挑動民粹，則大可能動搖以滿族為核心的國家政權。

於是，在乾隆年間，朝廷曾三次掀起對修譜的實質干預。

第一次干預

乾隆二十八年輔德任江西巡撫期間，上奏摺謂江西宗族：

> 「所建省府祠堂，大率皆推原遠年君王將相一人，共為始祖。如周姓則祖後稷。吳姓則祖泰伯。姜姓則祖太公望。袁姓則祖袁紹。有祠必有譜。其纂輯宗譜。荒唐悖謬。亦復如之。」[61]

乾隆閱後，按輔德議，批准將有關之始祖牌立即查毀，修正譜牒，廢掉有宗祠並撤消有關奉附的支祖，並以此為榜樣頒令全國執行。同時諭旨：

> 「所有譜首、譜序荒誕不經之始祖及字樣名目，一概鏟削，並毀其版，斷以始遷該地及世系分明者為始祖，均令另行改正，送官鈐印發放。遇有爭訟，飭以印譜為憑。」[62]

這實是防止宗族通過遠引祖先為名實，達通譜聯宗焉！

第二次干預

乾隆三十八年（公元1773年），清廷成立「四庫全書館」，並下詔徵集買下各種版本包括現存或過往之書籍。乾

61　賀長齡：《皇朝經世文編》，卷58，《禮政六宗法（上）》。

62　國立故宮博物院輯，《宮中檔乾隆朝奏摺》（臺北：國立故宮博物院，1984），第23輯，二十九年十一月二十七日。

隆三十九年（公元1774年）頒下諭旨：

> 「明季末，造野史者甚多。其間毀譽任意，傳聞異詞必有詆觸本朝之語。正當及此一番查辦，盡行銷燬，杜過邪言，以正人心而厚風俗，斷不宜置之不辦。此等筆墨妄議之事，大率江浙兩省居多。其江西閩粵湖廣亦或不免，豈可不細加查覈？」[63]

其後，於乾隆四十三年（公元1778年）十一月正式頒布查辦違禁書籍條款九則，將查禁書籍時限由晚明上溯至宋元兩代，範圍擴大至有關家譜相關的僭妄內容。因此，對家譜一事的編纂帶來極大的震撼。無分官宦人家或士庶人等，紛紛自我檢查，以免觸犯國法而獲罪。

第三次干預

乾隆四十四年發生一起與宗族編纂有關的案件。

緣起當時一位生員之家譜使用了「世表」一詞，被官方認為是屬於違禁行為。因「世表」之引用自司馬遷《史記》之史例，以非譜例，是專屬於朝廷史官之權力，民間使用則屬僭越行為。固族譜這種書法有做國史之嫌，不能使用。因此，這自明朝始以族譜比擬正史的書法，一律禁止。而民間族譜之編纂便以「世系」或「世譜」以茲識別，恐防冒越紕漏，以茲罪尤。此外，族譜也不能使用「傳贊」，更名為「行略」。

據乾隆四十五年九月，大臣國泰奏聞朝廷：沂水縣劉鄰等所修宗譜凡例中有「卓爾源本，衍漢維新」等字樣，「殊屬狂悖」。乾隆帝就此有如下批示：

63　《清高宗實錄》，卷九百六十四，〈乾隆三十九年八月5日〉，頁1084。

「劉遜等修輯宗譜，於凡例內遠引漢裔，妄自誇耀，甚屬不合。但漢人積習相沿，每有此等陋見，其實可鄙。如搜查該犯家中，果實有別項不法形跡，自應從重辦理，以昭炯戒。若止於支譜內，妄相援引，以為宗族榮寵，亦不過照例擬以不應重律。將所有板片，及印存家譜，盡行銷燬，已足示懲。」[64]

從上述三次對修譜的干預，清政權一方面標榜「以孝治天下」，達致臣民一體效忠其政權，以維持和鞏固其統治的核心利益。但又恐防這種聯宗結社的情況失控，而讓大漢族主義復蘇，不單對民族融和不利，亦危害其以「小」管「大」的政權結構。這種防微杜漸的心態表露無遺。因此，對有關違悖行為一律採取寬容手段，只要不損其管治者的核心利益，則小懲大戒，不從文字獄方向追究到底。

2.9.2 清代的修譜與續族的目的

清代修譜由於得到政府的倡導，修譜之風大盛。民間流傳「三十年不修譜，即為不孝」之說法。是故，族譜三十年一修便成為一種約定俗成的定制。

清代修族譜的目的有三：

（一）崇法與法祖；（二）以血緣為紐帶，團結族人。並通過家訓家規，約束族眾，確立族權威信；（三）忠君報國。將神權、皇權、族權與父權連成一線。宗族組織便成為國家管治的基層單位和組織，協助地方維穩。

2.9.3 清代的族譜體例

清代雖然是一個以外族入主中原，但基本已完全融入

64　《清高宗實錄》，卷九百六十四，〈乾隆三十九年八月5日〉，頁1084。

圖 18：福建螺江陳氏祖訓

中華文化與文明的體系中。中華文化優良傳統一脈相承，宗
族制度源遠流長。經漫長的歷史演進過程，族譜的編纂工作
亦代代相傳。其體例雖經不同時代的政治因素等干預，但同
時並漸趨完臻。簡單而言，清代修譜的內容經專家學者們分
析，可歸納為十八個綱目，茲錄如下：

　　1.序跋

　　2.凡例

　　3.目錄

　　4.修譜名目

　　5.像贊

　　6.誥敕

　　7.源流

　　8.世系（圖、錄）

　　9.排行

　　10.仕宦錄

　　11.傳記

12.族規家訓

13.祠堂

14.墳墓

15.著述

16.五服圖

17.余慶錄

18.領譜字號

2.10中華民國到中華人民共和國時期

　　自從辛亥革命推翻清皇朝後至中華民國退守台灣，和平日子相對短暫。期間經歷軍閥割據和混戰。蔣介石北伐成功，不久又爆發日本帝國主義侵華。八年抗戰勝利後，又迎來國共內戰；社會分裂，人民流離失所。及後，蔣介石領導下的中華民國退守台灣，形成兩岸對峙的局面，至今73年仍未統一。期間，修譜與續譜之工作基本停頓。惟退守台灣後，隨政治社會的漸趨穩定，修譜與續譜的工作繼續進行。

圖19：蔣母墓地

圖片來源：浙江省人民政府，〈蔣氏故居〉，浙江省人民政府網頁

期間對譜牒學和宗族學的研究也取得一定成果。這方面知名學者不少，例如潘光旦和陳其南等。

在中國大陸方面，中國共產黨在取得政權後，實行社會主義制度，奉行馬、列主義。對中國的傳統文化進行批判，實行「平墳墓，火神牌」的措施。在文化大革命期間的「破四舊、立四新」運動中，很多民眾因政治不正確的恐懼，將其宗族的族譜燒毀。宗廟、先人墳墓等莫敢拜祭，幾形成一歷史傳承之真空。

然而，值得我們留意的是，高舉無產階級專政和奉行馬克思列寧主義的毛澤東在離鄉別井三十多年後，即其所賦詩中所言「三十一年還舊國」中，第一次重返故里——韶山時，首個行程是到父母墳前鞠躬拜祭。雖沒有三牲祭品，但其深層意義則充分顯示中國傳統宗族制度中，「慎終追遠」，「尊祖敬宗」及為人子女當盡「孝」之大義！

惟隨改革開放之成功實施，習近平提出中華民族偉大復興之中國夢，人們開始關注過往中國傳統事物，各地宗廟、祠堂開始重修，而族譜之編纂工作亦重新展開。成果如何，有待觀察。

圖20及圖21：1959年6月26日，毛澤東返韶山故鄉在父母墳前鞠躬照

圖片來源：多維新聞網，〈毛澤東祭祖〉，2013年12月19日

第五章　分房與宗族的結構

　　清代章學誠指出：「君子以類族辨物。物之大者，莫過於人。人之重者，莫重於族」。[65]人類社會從蒙昧走向文明需要依靠凝結。中華文明在經歷了上下五千年的發展，選擇了家族作為其核心文化，並把之制度化，成為宗法制度。正如前文所述，宗族文化沉澱千年，但是每個時期的形態有所不同，並非永遠一系，百世不遷的「炎黃子孫」。這個分化過程，其實與「房」這個漢人特色概念息息相關。一般認為，「房」是宗族基本組成單位，具有血緣和財產繼承的雙重屬性。

　　首先，分房的制度是在我國特有的宗祧觀念之下的產物。《禮記‧大傳》中有「別子為祖，繼別為宗，繼禰者為小宗」，《喪服傳》又有「大宗者，尊之統也。大宗者收族者也」。從這個角度上看，周朝延續下來的組織結構是大宗繼承祖先之血統，還應該承擔照顧著族群各方面經濟、文化等建設。然而，瞿同祖指出「後代雖好似長房當大宗；次房當小宗，實似是而非，後世並無百世不遷，永遠一係相承的支系。房斷不可與宗混為一談」。[66]房究竟應該如何界定呢？早期研究漢人宗族理論的西方學者斐利民將中國家庭結構氏族中，系譜性的分支功能與象徵經濟能力和整合作用的

65　章學誠，《文史通義》(上海：掃葉山坊，1926)，卷6，〈外篇一〉，頁12-13。

66　瞿同祖，《中國法律與中國社會》（北京：中華書局，1981年），第22頁。

非系譜性因素混淆。人類學家陳其南認為實際上「分房」是建立在分家或者分財產的基礎上，族產則是包容性的家族概念，也保障了各房的經濟收入。他提出「房」是基於以下六個原則：

1. 男系原則：只有男子才成為房；
2. 世代原則：只有兒子對父親構成房；孫子對祖父構成房；
3. 兄弟分化原則：每個兒子只能單獨構成一房；
4. 從屬原則：房是宗族的次級單位；
5. 擴展原則：房在系譜的擴展性是連續的；
6. 分房原則：每一父系團體在每一世代均根據均分的原則在系譜上不斷分裂成房。[67]

正如最早期研究中國宗族制度的人類學家林耀華在1934年所著的《金翼》中所描述，在福建，比鄰而居的黃東林、黃東明兩房，即便是同樣姓黃，但是根據分房原則，結婚之後就成為兩房人，但卻在特定的節日祭祀同一祖宗。中國宗族系譜性屬性就是來自於這種分房的宗祧觀念。不過有房未必有祖宗，宗祧關係不一定等於祖堂關係。

眾所周知，中國是世界上保留著最多古代文獻的地區。除了我們認為的正史之外，還有很多民間文獻：族譜、契約等等。房這個概念在中國編撰的族譜中就有明顯的表現。一般認為在族譜之中「故其上世，多亡不見。譜圖之法，斷自可見之世，即為高祖，下至五世玄孫，而別自為世……凡諸房子孫，各紀其當紀者，使譜牒互見，親疏有倫……」，[68]這是歐陽修的修譜體例。蘇洵亦有垂直之修譜體例。兩者皆為五世為一圖，按輩分先後排序，依據房支列表。這種五服觀的世系論是基於《禮記•喪禮傳》，西周的宗祧觀念中認為「五世親盡，親近則遷」。

67　陳其南：《家族與社會》（臺北：聯經出版事業公司，1990年）。
68　歐陽修，《文忠集》（收入《欽定四庫全書》，外集二十一），卷71，頁11。)

世系圖中顯示的是漢人對同居共財的理想模式。《禮記‧喪服小記》：「親親，以三為五，以五為九，上殺、下殺、旁殺，而親畢義」，也是以「父、子（己）、孫」為核心。直系中六世祖、高祖、曾祖、祖爺為上，孫子、曾孫、玄孫、六世孫為下；旁系則會開始出現同房或者多房之現象。但是核心依舊為「父子孫」。而「以三為五，以五為九」其意為在這個範圍之外則不是直系親屬，親屬關係就相對沒有這麼親密了。誠如呂思勉所總結的西周宗法：同宗之人，都同奉一個始祖；始祖的嫡長子為大宗宗子；始祖之眾子皆為小宗，且「五世則遷」；大宗宗子管理無宗可歸之人。[69]

《國語》記錄：「黃帝之子二十五宗，其得姓者是十四人，為十二姓：姬、酉、祁、己、滕、箴、任、荀、僖、姞、儇、依是也」。「炎黃子孫」儘管已被考證僅僅是晚清的宣傳下形成的一種文化基因，漢人並非百世不變的同宗同族。但是在宗祧制度的共同規範下，漢人社會在一代又一代的教育下逐漸認可了一套以「忠孝」為原則的分房模式。這套體系的最理想模式是以「嫡長子」為大宗立嗣的宗祧制度。但是在歷史的過程中，不可能這麼理想，故會出現了一些諸如「絕嗣」、「兼祧」、「贅婿」、「養子」等等問題。

本章主要是討論房分與宗族結構。上述所陳述的種種現象是建立在漢人社會是以「房分」進行財產分割。可以看出，宗族結構並非一個至下而上的三角形關係，而是建立在「父子孫」為核心的宗祧制度下的組織結構。在房分為基礎下的宗祧制度，族不一定是同居的共同生活體，每一單位家務處理可以由每一單位家長自行負責。因此，本書所討論的宗祧制度是一個建立在血緣上的經濟共同體。從原始到文明時期，不乏以血緣為核心的凝結。但是像漢人團體一樣採用長達千年的宗法制度，把同姓之人按照親疏遠近連接起來，

69　呂思勉，《中國通史》（香港：香港中和出版有限公司，2022），頁29。

產生了嚴密的組織結構，對抗自然，累計財富，留下了豐富的文獻資料的地區則是不多見的。

1. 分房與宗祧觀念

　　房作為一個親屬團體最小的範疇，可以看作是宗族的細胞，而「分家」的過程就是「分房」。「分房」決定了一般家族事務的運作形態。中國俗語中的「照房分」體現了分房法則中的身分和份額，是一種財產分割、輪值管理和祭祀義務分攤等多重日常事務的規則。

　　「房」作為一個漢人親屬制度特有的現象，正被廣泛關注。「房」作為宗族的細胞，是日常生活的一個關鍵。房與房之間以血緣關係互相聯繫。「分房」是基於宗祧觀念所進行的，在這個觀念下分房是不停進行的，但是又在整體的家族觀念下不斷的合房收族。與此同時，一個房支又有可能成為一個宗族。這是一種「觀念性的繼嗣群體」。[70]比如說唐代最大宗族之一博陵李氏，「家有二十二房」，也就是說宗族的擴大不一定是表現為縱向，其「房支」的衍伸亦對其宗族的發展有很重要的推進作用。

　　在《說文》中，「房，室在旁也」，段玉裁注：「凡堂之內，中為正室，左右為房」。[71]錢杭指出「族」用於區別不同姓氏，「房」用於區分本族內不同的支系。「房」成了宗族宗廟的各個分支的祠堂的代名詞。凡是有關宗族財產的分割，家庭生活團體的分化，祀產利潤的分配，年老父母的輪流供養，祀產的值年管理，祭祀義務的分攤及其他設計宗族權利的事務，都以「房」為單位處理。[72]

70　常建華，《中華文化通志•宗族志》，頁166。

71　許慎撰，段玉裁注，《段注說文解字》（台北：廣文書局，1959），頁592。

72　錢杭，《中國宗族史研究入門》（上海：復旦大學出版社，2009年），頁49。

2. 血緣的繼承

　　二十世紀中葉，西方開始用人類學方法了解中國社會。在不同的基金會資助下，有很多人類學者來到了中國。最初，人類學研究領域集中在非洲、東南亞等地方，但是與其他地區的親屬關係不同的是，中國宗族現象中不僅存在世系關係，還有特殊的房支關係。

　　一個共識是血緣繼承是宗祧觀念的直接產物。宗是近族之廟，祧是遠祖之廟。在西方學者以往的研究中，只強調整個親屬群體中「共祖」的關係。但是中國之宗祧觀念則是由父子觀念為核心，「強調一父與諸子分別具有個別的，各成一係的父子聯繫，表現為整體中的獨立原則」，[73]也就是在血緣關係中的「房」的繼承。

　　中國的宗祧制度大體是由周人設定出來的。周人希望「百世不遷」，為此他們設定了「昭穆制度」。其主要內容是始祖居於宗廟之中，父子分別排列左右，父為昭，子為穆。在《禮記•祭統》中就有：「夫祭有昭穆，昭穆者，所以別父子，遠近，長幼，親疏之序而無亂也。」

　　其實在古代文獻中，這個血緣的繼承最主要就是表現在喪禮制度上。喪禮作為儒家文化五禮之一，在宗族文化之中有重要體現。

　　在血緣中就表現為世系的傳承。「世」和「房」雖然兩者不同，但是只是從兩個層面去解讀父與子的關係。世系是從繼承的角度闡述父子關係。如同宗族研究學者錢杭所言：「一父一子為一世，一父與十子同樣為一世。」[74]而「房」卻是從單純的、個別的、順序的角度來指認父子之間的關係：每一子相對於其父為一房，一子為一房，二子為二房；長子為長房，次子為二房。「房」與子的數量有關，與子的

73　錢杭，《中國宗族制度新探》（香港：中華書局，1994），頁89。

74　錢杭，《中國宗族制度新探》，頁88。

嫡庶身份無關；在宗族系譜上，平行的各房都單獨成為一系，獨自承傳下來。

由於房是通過「宗祧」觀念由父子串聯起來的，所以房是宗族這個大單位下的具體單位。換句話說，中國的宗族存在是由一個個獨立的「房」去具體表現出來的。

3. 何謂宗祧觀念

宗祧的觀念是指血緣的延續性和純潔性不能中斷。如果血統的承繼斷絕，便是「絕房」。在傳統儒家思想中：不孝有三，無後為大，是有違祖先的期望和無子送終的憾事。

因此，在血緣世系中都盡量防止混入異姓之血緣，確保其血緣之純潔性。基於中國傳統宗法制和相關禮制的影響下，形成了一套宗祧繼承的原則。而有關嗣子繼承制度更有以法律方式規定，以供遵守。例如唐代的《唐律》規定：

> 「諸立嫡違法者，徒一年。即嫡妻年五十以上無子者，得立庶以長，不以長者亦如之。疏議曰：立嫡者，本擬承襲。嫡妻之長子為嫡子，不依此立，是名違法，合徒一年。即嫡妻年五十以上無子者，謂婦人年五十以上，不復乳育，故許立庶子為嫡。皆先立長，不立長者，亦徒一年，故云亦如之。依令：無嫡子及有罪疾，立嫡孫；無嫡孫，以次立嫡子同母弟；無母弟，立庶子；無庶子，立嫡孫。同母弟，無母弟，立庶孫。曾、玄以下準此。無後者為戶絕。」[75]

唐代《戶令》又規定：「無子者，聽養同宗於昭穆相當者」。上列兩項唐代律令均為宋元明清法律所繼承。惟明律

75　長孫無忌，《唐律疏議》（台灣：台灣商務印書館，1968），頁167。

和大清律例將徒一年之刑罰改由杖八十去取代。

　　清律進一步完善和解決繼承順序的問題。《大清律例》規定：「無子者，許令同宗昭穆相當之姪承繼。先儘同父周親，次及大功、小功、緦麻。如俱無，方許擇立遠房及同姓為嗣」。[76]是故，同胞兄弟之子，按律是第一順序即優先考慮之嗣人，一般稱為「過房」。被過房者，並不影響其家庭生活，只是改變了其在家族系譜上之宗祧地位。

孤子歸宗與兼祧兩房

　　按宗法制度，有大宗、小宗之別。《通典》云：

> 「為人後者孰後？後大宗也。曷為後大宗？大宗者，尊之統也……大宗者收族者也，不可以絕。故族人以支子後大宗也。」[77]

　　因此，若可繼之人是獨子，那麼問題來了。因大宗無後，可以支子過繼大宗。而小宗者五世則遷，故不能統率族眾，故不得立嗣。清乾隆四年有旨：

> 「如止有一子，雖係期功近親，分應得子之人，亦不得以獨子過房為嗣，申飭在案……應繼之房，止有一子，當出繼不當出繼，須依大宗小宗法議之。小宗可絕，大宗不可絕等語。是大宗無子，小宗雖止一子，自應將小宗之子承繼大宗。其小宗另行議繼。若非大宗。則凡止有一子者，雖期功近親分應得子之人，一概不許出繼。」[78]

76　徐本、三泰，《大清律例》（收入《欽定四庫全書》，史部十三，卷八，〈立嫡子違法〉，頁14-15。

77　杜佑，《通典》（收入《欽定四庫全書》，史部十三，卷九十六，〈總論為人後議〉，頁1。

78　賀長齡：《皇朝經世文編》，卷59，《禮政六宗法（下）》。

因此，民間產生誤解，導致一子不許出繼，致大宗絕後；或有大宗雖無子但本可以從小宗之子過繼，但卻另立遠房之人承繼，情況極不理想，亦導致宗法倫理之破壞。於是乾隆三十八年（1773年）江蘇按察使胡季堂建議「明立科條」[79]。經刑部審議後通過建議，於乾隆四十年（1775年）立例：「如可繼之人亦系獨子，而情屬同父周親兩相情願者，取具闔族甘結，亦准其承繼兩房宗祧。」[80]這就是清代有名的「一子兼祧兩房」，解決了獨子繼嗣的紛爭。

兼祧之實行，最明顯的例子是，清皇室末年，皇帝如同治帝、光緒帝都英年早逝，或無嗣子出。結果光緒帝崩，由宣統繼位。但宗法制而言，他則是繼承光緒，兼祧同治，以保存大宗之正統也。

養子與贅婿

中國社會歷來很多無後之人，都有以異姓來繼承宗祧的習俗，主要是通過養子或贅婿形式。

養子又稱螟蛉，就是收養非己所出的異姓孩子，讓其繼承香燈。但據《穀梁傳》云：「莒人滅鄫，非滅也。立異姓以蒞祭祀，滅亡之道也」。《左傳》亦云：「神不歆非類，民不祀非族」。因此，按自古以來的宗法傳統，異姓是不能繼承宗祀的。而這種意識形態，逐漸讓後繼皇朝以法律形式規範下來。如《唐律疏議》規定：「即養異姓男者，徒一年。與者，笞五十。其遺棄小兒年三歲以下，雖異姓，聽收養，即從其姓。」[81]蓋宋、元、明、清四朝有關法例大致雷同。

但清代《欽定戶部則例》卷三〈民人繼嗣〉則也有以下規定：「其收養三歲以下遺棄小兒，即從其姓，但不得以無

79　《宮中檔乾隆朝奏摺》，第33冊，頁228-230。

80　吳壇，《大清律例通考》，卷8，〈立嫡子違法第七條例文〉，頁289。

81　長孫無忌，《唐律疏議》，頁166。

子遂立為嗣。」可見雖收養三歲以下之小兒為子，也不能在宗法上繼承宗祧。因宗祀之祭祀權為宗法之重典，絕不容混淆。

清代桐城派大師方苞曾論以異姓繼後之得失，有云：

> 「漢魏以降，其流益漫。自王公及士庶，蹈此者跡相疊。蓋俗之衰，人多不明於天性，而骨肉之恩薄。謂後其有父母者，將各親其父母，無父母而自知其所出，猶有外心焉。故常舍其兄弟之子與其族子，而求不知誰何之人，取之繦褓之中，以自欺而欺人。」[82]

贅婿，也稱入贅。是泛指有女無兒的家庭以招郎入舍的形式，把上門女婿招入女家居住。司馬遷所作《史記‧秦本記》已有記載：「家貧子壯則出贅」。贅婿一般社會地位低微。

有關贅婿之安排及因由，元代徐元瑞指出有四點：一，養老；二，年限；三，出舍；四，歸宗。[83]基本贅婿的終極目的是彷照正常男娶女歸，取而代之以女娶男歸。而贅婿所育之子均得從母性。如此行，則無子之家庭之宗祧因而得以延續矣！

4. 財產的繼承

《儀禮注疏》之中：

> 「父子一體也，夫妻一體也，昆弟一體也。故父子，首足也，夫婦，牉合也，昆弟，四體也。故昆弟之義無分，然而有分者，則辟子之私也。子不

82　賀長齡，《皇朝經世文編》，卷59，《禮政六宗法（下）》。
83　徐元瑞，《吏學指南》，卷4，〈贅婿〉

> 私其父，則不成為子……異居而同財，有餘則歸之
> 宗，不足則資之宗。」[84]

　　在宗族的財產繼承上，房是一個重要的概念。「照房分」是自漢以來，到唐代又以律法確定分配形式。唐《戶令》中有：「應分田宅及財物者，兄弟均分。妻家所得之財，不在分限。兄弟亡者，子承父分」。[85]宋元明清法律承襲唐代法律的這些規定。

　　據《後漢書》卷三十九記載，有東漢時人薛包者，「弟子求分財異居，包不能止，乃中分其財」。由是觀之，自漢始，兄弟均享有均分家庭財產權，此為社會共識。到唐代已演變為律法。《唐律》規定：「即同居應分，不均平者，計所侵，坐贓論減三等」。[86]又，宋代編輯的《名公書判清明集》所載：「如卑幼訴分產不平，固當以法斷，亦須先諭尊長，自行從公均分。或堅執不從，然後當官監析」。[87]

　　民間分家須立字為據，以免日後爭議。而該份分家業的文書稱為「鬮書」，也有稱為「分關」者。根據學者陳其南的研究，由於古代的宗族財產大部分是土地，而漢人家族土地所有關係是建立在分房的原則上，故「房」才是家族土地所有的主體。個人的土地所有權是透過他在家族中的房分所獲得的。「家族」和「房」在本土觀念中是一種結合與分支的過程。一個宗祧團體在「房」的組織基礎上進行的分裂作用，這個過程原來已內化於「房」的理念之中；而宗祧團體的結合過程，則是建立在「家族」的基礎上。家族中有關家產家戶的分割，有關祭祀禮儀和責任的分配等，即反映了「

84　鄭玄，《儀禮注疏》，《武英殿十三經注疏》本，卷30，〈喪服第十一〉。

85　竇儀，《宋刑統》，卷12，〈卑幼私用財〉附「分異財產」條同，頁197。

86　長孫無忌，《唐律疏議》，頁169。

87　張四維編：〈崇風教〉，《名公書判清明集》，卷一，頁8。

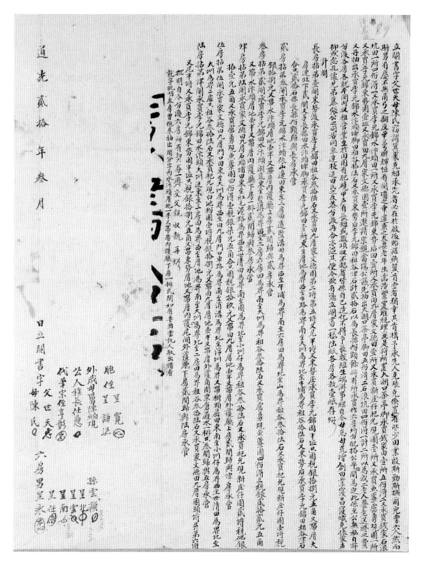

圖 22：鬮書

圖片來源：國史館臺灣文獻館，〈鬮書〉，國史館臺灣文獻館網頁 https://www.th.gov.tw/epaper/site/page/100/1376，擷取日期：2022年 12月25日

分房」的過程；而祀產祖祠的設立和族譜的編撰出版，則在於強化「家族」的包容性和一體性。

　　當然這種「分房」也不一定是理想化的父死子繼，兄終弟及。在歷史的長河中，還出現了許許多多的諸如「絕嗣」、「兼祧」、「過房」、「獨子」、「贅婿」、「收養異姓養子」等現象。比如陳其南的研究中的一個例子，台灣有一蕭姓家族，蕭父唯有一女，無兒子繼承其宗祧，便安排其女兒行贅婚。其女有二子，長子隨母姓，次子隨女婿姓，但一家人均住在蕭家。其目的是為了蕭家之宗祧延續。

　　總的來說，「分房」制度是中國漢人親屬團體中特有的原則，這是由西周以來的宗祧觀念對中國社會產生的影響。由於分房會影響共有財產的比例，所以合房收族又是中國地方社會所不能避免的一個課題。一個宗族能夠綿延不絕，是由很多方面影響而成就的。

5. 小結

　　因此，「房分」是宗族或家族的基礎組織，宗族的建基於「房」上，是一個體現宗族或家族內部縱向或橫向的血緣關係。是一個大於家，卻比鄉小的血緣組合。當然，「房」存在的先決條件是其開基祖一定要有幾個兒子，否則不能成「房」。隨著「房」人口不斷繁衍，則「房」又會發展成一獨立的體系。

　　「房」的管理一般設有房頭或房長。出任者多為「房」內輩份高的長者或具有權威性之人物。當「房」內部出現紛紛時，房長則負有排難解紛的責任。

第六章　族　產

若果說祖先崇拜、祠堂、系譜概念等等是中國宗族制度在精神上、意識形態方面的文化表現；那麼，族產則可以被視為宗族制度在功能性上之展現，亦是宗族制度的物質和經濟基礎。自宋起，宗族制度走向正統化及平民化的階段。而族產——主要為族田等不動產形式的宗族共同財產，這種特殊的土地所有制形式亦愈為普及化。土地乃農耕社會的衣食之源，對於百姓的重要性不容置疑。而族產概念的出現和普及化更是對以農立國、以家族為中心的傳統中國社會，帶來了巨大的影響。廣義來說，族產的設立在於「敬宗收族」之用。「敬宗」，即將族產所得收益作津貼修葺祠堂、祭祀祖先的開支；「收族」，即將收

圖23：元安定書院范氏義田記

圖片來源：中央研究院歷史語言研究所，〈元安定書院范氏義田記〉，登錄號04648-4

益用作贍濟貧困族人、舉辦族內各種公益慈善等的用途，從經濟方面團聚家族，以達到收族的目的。這亦使宗族制度兼有經濟共同體的性質。自北宋名臣范仲淹設族田（皇祐二年，公元1050年），建立「義莊」宗族組織起，後來再經由朱熹、張載等南宋理學家的提倡和確立正統的宗族法下，各地官僚士大夫爭相仿效，紛紛置下各種類型的族產。因地區的不同產生了祠產、祀產、祖嘗等名稱不一的稱謂。族田按實際用途分類，又可分為義田、義學田、祭田和墓田等。直至明清兩代，族田的設立極為普遍。置族田的人物已不限於官僚地主，更擴大到了民間庶民的各個階層。族產的形式、來源、管理方式和其用途與收益分配，由宋代肇始至清代期間都有著不同程度的發展和變化。以下我們將對族產的內容作仔細探討，並分述之。

1. 族產的特色

族產，是一種基於共同祖先的血緣關係下，由同宗同姓的子孫共同擁有財產的形式。而族產的設置在民間普及化的推展過程中，對中國宗法制度起了強化和凝合的重要作用。據史實記載，族產最早出現於北宋范仲淹建置的范氏義莊。[88]如前述，封建制度雖於秦漢後已經瓦解，門閥制度自唐朝中期消失，貴族門第的衰落使到社會散漫而無組織。然而，在當時的社會，聚族而居已成傳統，宗族的觀念仍然以慣性的力量制約著人們的生活文化。在北宋時期，范仲淹率先置族田、建義莊，以物質經濟的形式重建和強化宗族組織。其後在經由朱熹、張載、程頤等南宋理學家鼓吹下，恢復及建立正統的宗子法。自此，興建祠堂、建立宗族組織和

88　雖在唐代已有墓田令，但面積並不大，亦只限於朝廷官員才能置下田產，在當時未能成為社會的主流風氣，此處所指的是以平民為基礎的族產形態。

設置族產的風氣便逐漸流行起來，成為新式宗族制度的重要內容。所謂「祠堂者敬宗者也，義田者收族者也」，族產是儒家所提倡的「仁義忠恕」精神表現之重要物質支柱。

族產的第一個特色是所有權歸屬於宗族名下。一般情況下，置產者以祖宗或個人名義置下族產，當中以田產形式為主，通過遺訓遺規將這些公產的使用權、收益權授予子孫後代共有共享，並澤及族內的孤兒寡母與貧困族人。其管理方式由族中具名望賢德者或推舉成員管理。這些宗族公產皆需「立約聞官」，並且一般「不得典賣」，從而保障了族產的可持續發展和該氏族的經濟基礎。在民間，各宗族都對族產嚴加保護，訂立內部規條，嚴懲盜買盜賣族產的行為。如江蘇無錫《華氏新義莊事畧》規定：「若盜賣義田，應仍照例治罪，杖一百，徒三年；謀買之人各與同罪，仍令立有確據，分別勒石報官存案。」[89]清代時，朝廷更通過國家立法，對族產的所有權加以認定，嚴禁任何對這些氏族公產的侵犯和侵奪。族產在國家官府的保護下更是得以高速發展。而族產亦成為了維護和促進宗族發展的物質條件。

族產的另一特色，乃族產所產生的收益原則上由該宗族組織內的所有成員所享有。族產田地一般以租佃方式經營，所得的收益用途廣泛。由按口授糧、修祭、賑貧、助學、喪葬、助婚，以至各種族內公益如建道路、修水利等都包括在內。族田雖有祭田、義田、學田等各種名稱之分，然而在很多情況下，其收益用途並不限於其名字所指定的用途。例如清代吳郡范氏便規定：

　　「吾家祭田。營宅兆。供歲祀。有餘量給不能喪葬者。有餘以賑䘏寡孤獨廢疾不能自存者。有餘以助貧不能受學者。有餘春糴而秋糶之累。」[90]

89　華氏存裕堂，《華氏新義莊事畧》，1901，頁100。
90　賀長齡，《皇朝經世文編》，卷60，《禮政六宗法（下）》。

族產對於宗族的意義，如清人張永銓所說：

> 「祠堂者敬宗者也。義田者收族者也。祖宗之神依於主。主則依於祠堂。無祠堂則無以妥亡者。子姓之生依於食。食則給於田。無義田則無以保生者。故祠堂與義田原重而不可偏廢者也。」[91]

《禮記·大傳》有云：「尊祖故敬宗，敬宗故收族」。「禮之最重最大者惟祭」，[92]族產「敬宗」之作用，使族人在精神道德上有「慎終追遠」的良好品德，喚起人們對先世祖宗的敬重和感激之情，認識自己的本源和族人之間的緣關係。在物質上，族人分享祖宗留下的餘澤，老弱貧窮皆受到宗族的照顧，加強了對宗族的依附之情，有團結族眾之效。族產中表現的「仁義」、「忠恕」之精神，亦正是宋代政府、官僚士大夫積極提倡重建宗族組織的主要原因。由於氏族公產之設立能得「收族」之效，有助於團結族人。而其收益所起的社會慈善、教化用途，更能穩定地方社會，國家亦穩固對地方基層的控制。因此，歷代政府都以各種方式扶持族產的發展。有關歷代政府對族產的政策等等，在稍後章節將進一步探討。

族產概念自北宋范氏義莊的創立起，經過宋、元、明數朝的迅速發展和擴張，盛極於清朝。正如清人馮桂芬所言，「今義莊之設遍天下」。[93]「自明以來，代有傚行之者，而江以南尤盛。」[94]清代族田之鼎盛，成為了當時國家其中一種最大的土地所有制形式。南方族田的發展又比北方族田更為發達和完善。江蘇、浙江、福建等地都有非常多的族田。在廣東，尤其是珠江三角洲地區的族田更為普遍，俗稱為「

91　賀長齡，《皇朝經世文編》，卷66，《禮政十三祭禮（上）》。

92　錢穆，《國史大綱》（台灣：商務印書館，1996），頁98。

93　馮桂芬，《顯志堂稿》，卷4，〈汪氏耕蔭義莊記〉，頁1b。

94　馮桂芬，《顯志堂稿》，卷4，〈武進盛氏義莊記〉，頁3b。

太公田」、「祖堂地」。據估計，在清末至民國時期甚至佔總耕地面積的一半，可與由士紳地主佔有的相比。這些宗族田產初設立時因目的有異，故有義田、墓田、祭田、義學田等不同名稱。若以功能分之，可以籠統地分為祭祀型族田、贍族型族田和助學型族田。有關族產田地收入的用途和分配，我們將於後文再仔細論述。

2 族產的來源

自范文正公創義莊以贍宗族後，廣為後世所仿行。不過，族產在宋代時期的發展並不是非常顯著。直到明中後期，「庶人無廟」的規矩被衝破，士庶祭祖的地位被正式確立下來，民間才紛紛建宗祠、置族田。自此以後，族產的發展踏入了新的高峰，宗族對族產的管理更加完備。加上族產田地的其中一種特色為不得典賣，在清代時更變成了國家法律條文，這種許買不許賣的特色使族產的規模不斷增值，越積越大。族產的增值來源一般而言有以下方式。

第一，個人捐置。這種方式屬自願性，一般見於宗族組織初建或重建的時候。肇始於北宋范仲淹以其官俸置田千畝，「號曰義田，以養濟群族之人」[95]。後來受到各地官僚階層的仿效，紛紛以其俸祿興置族產，以義田、義學田等贍族類族田最為普遍。除了官僚、士紳之外，在明清時期亦有不少鄉紳階層的人物，或稱作紳衿，甚至一些商人階層或素封地主，慷慨捐置族田。這些人士的生活都較為富裕，為了賑濟同宗的貧弱成員，以及為後世的子孫族群謀求福祉，於是紛紛置族田、設義莊。捐田者一方面希望族田能庇佑族群興旺發達，實際上亦提升了自身在宗族內的地位，擴大了在族人間的影響力。自此，族田亦成為了這些階層用以收族的重要手段。

95　錢公輔，《義田記》。

　　第二，族眾合置。集以族人之力，捐田入祠。在尊祖、敬宗的思想影響之下，有些宗族子弟會主動共同出資置田，或由宗族內的一些族紳作為倡議者，集族眾合力捐資購買田產。除了全體族眾合置之外，亦有些由族內的富室出資置田的例子。這些捐獻都以自願性質為主，有如江夏陳氏義莊的條規所記載：

> 「一族中有家道豐富者，許其隨時捐貲入公或捐田或捐銀錢。無論多寡其銀錢即添置田畝。莊正等將所捐之田赴縣呈明立案並刊刻石碑。以杜他弊，不願捐者無得相強。」[96]

　　一些宗族為了鼓勵族人捐獻，亦在族規中訂立各種獎勵族人主動捐獻的細則，例如取得「神主入祠」、「譜列其事」的資格，在族內留名，以示他們有功於祖宗與宗族。而這些宗族一方面鼓勵子孫續捐，一方面對所捐田產的質素亦有所要求，明確規定族人不得捐入「中下之田」，更不得借捐田干預族田事務。另外，宗族組織如義莊、祖堂等亦嚴格規定捐田者的範圍，只限於受贍族人的界限內，不允許其他支系捐田附入。可見，族田與系譜概念息息相關，互相影響。

　　第三，祖宗遺產。此乃子孫出於尊祖敬宗之心，把應繼的先人遺產以全數或部分撥歸公產，屬自願性質。如清人蔡璇孕，「庶弟未得遺業，以父贍田給二弟，自割己田百石充父祀。盡葬族中百餘年停棺」。[97]另一種則為把絕戶、無繼子之遺產按例撥充族產；如果出現絕戶而沒能立嗣的情況，宗族即可收回絕戶之家的遺產。這些做法除民俗外，亦有官府的判例。有些宗族例如江蘇

96　錢公輔，《義田記》。
97　周學曾，《晉江縣志》，卷 50。

昆陵承氏則規定：「繼嗣之產，九歸嗣子，一份入祠」，[98]
對族人繼承的遺產徵稅。此外，在立嗣的規定方面，明清時
期閩北的族規亦有不准族人「血養螟蛉」和「婦亡納贅」的
規定，保障族人財產不會流出本族。

　　第四，為族內定例捐置。宗族為保證其有穩定的經濟來
源，於是設立了各種規定、慣例。所謂例置，主要出自南宋
理學家朱熹在《家禮》提出：

> 「初立祠堂，則計見田每龕取其二十之一以
> 為祭田，親盡則以為墓田……皆立約開官，不得典
> 賣。」[99]

規定各房將現有田產的二十之一抽作祭田、墓田。一般
來說是由全體族眾合置的，並且以祠堂、祀祖為中心。這種
方式在宋代十分普遍，令宗族成員共同負擔祭田、墓田，以
維持舉行祭祖活動的開支。另外一個做法是為確保宗族有充
裕的族產應付各種開支，向族內按戶、丁攤派銀兩，購買田
產。其他的定例還有「置產費」，規定族人凡有置私人田產
者，按規定抽取錢銀作購買族田之用；亦有「入祠輸銀」、
「捐官出仕」要出資等的規條。

　　第五，以族產的結餘和利息收入續置田產。一些族產較
為豐厚的宗族，能把每年經營族產所得收入，除去所需開支
後的餘資，購買新的田產，以避免這些收入白白虛耗。這個
做法在大部分宗族組織都有類似的明文規定，而且限定不得
典買同族族人田產。而這些續置的族田還有另外一個特色，
其多數為零零星星的土地，面積小而分散。在香港新界地
區，大部分的族田，亦稱「祖堂地」，都是數量多，但地段
小而分散。

98　承乃韶修，《昆陵承氏宗譜》，轉引自常建華：《中華文化通志•
　　宗族志》，頁 194。

99　朱熹，《家禮》（收入《欽定四庫全書》，經部），卷 1，頁 2。

　　第六，攔海造地。先開拓，後申領的特殊增地方式。「沙田」就是一個明顯的例子。此做法常見於長江中下游、珠江三角洲地區，以工築沿海瀕江淤泥堆積成的沙田，圍築附近的沙坦擴大沙田面積，並向官府報承。一方面能起到防洪之效，另一方面亦大大增加了耕地面積。據估計，至民國時期珠江三角洲的沙田面積達250萬市畝，佔廣東省全部耕地的十六分之一。[100]而由於開發沙田耗費龐大、工築浩繁，個體農民很難獨立承擔，除了官紳富商外就只有宗族組織能有開發的資本。因此，開發沙田亦成為了宗族田產的重要增值來源之一。

　　從上述可見，族產的增值來源十分廣泛，或捐贈，或向族人攤派，或族產的花息收入。這些因素有利於族產的長期延續，亦為宗族制度的興盛發展帶來了有利的客觀條件。

3. 族產的管理

　　設立族產是一種義舉，但想要這種義舉真正收贍族之效，並保證田產能世代相傳，還必須要有良好的管理模式。

　　族產的管理模式主要有兩種。一、專職管理。二、輪值管理。

　　專職管理，顧名思義，即以專門的組織機構和管理者負責族產之管理。其中最具代表性的例子為「義莊」。義莊濫觴於北宋范氏義莊，其在設立之初便定立了《義莊規矩》，確立了義莊運作的初步原則和機制。經過數代發展，范氏義莊的管理體系已十分完善，有著嚴密、法規化的管理守則，這亦是其能興盛發展、歷久不衰、延綿近千年的重要原因。義莊在明清時期更為普及。隨組織規模變得更龐大，其分工和規矩亦更嚴整、細密。設立義莊亦稱之為「開莊」，即將

---

100 陳翰笙著，馮峰譯：《解放前的地主與農民——華南農村危機研究》（北京：中國社會科學出版社，1936 年），頁 25。

田產報官立案，呈憲註冊，正式確立為族產，並由管理者根據「義莊規矩」對這些族產進行管理。在清朝，族田一經立案註冊為莊產，即受政府和法律的保護。一般來說，管理莊務的為「莊正」，其副手為「莊副」，也有別稱作「董事」。莊正基本上擁有管理義莊的全權，如保管田產的契據、管理戶冊、完糧上稅等事務，屬於義莊的管理層。另一方面，義莊又在莊正之下再設會計、催租兩個司事職位，負責處理日常莊務，屬於義莊的辦事員工。莊正和司事的資格則由族長、族紳指定，或由族眾公推公舉出來，以「殷實公正」、「誠實有才」為人選的標準。如廣東佛山梁氏《貽遠堂家規》便立例規定：「祖嘗箱務，當選賢明管理」。[101]又如浙江會稽張氏規定：「族中遴選居心公正，才識優長者一二人作為董事」。[102]管理人員受聘於義莊，接受俸祿，任期由一年至數年不等；若被發現有虧空侵蝕等情況，則要按懲罰規矩處罰。值得注意的是，義莊司事的任職並不限於本族族人擔任，甚至有宗族專門聘請外姓人處理莊務，以防弊病。而族長、建莊的地主則擔任著監督莊務的角色，負責審核批准管理人員的任職，並監察莊務的運作，查核賬目以防止管理人員貪污舞弊。因此，義莊可說是一個規律嚴明、專門管理族產的組織，有利於族產的穩定維持。

當然，亦有宗族不設獨立的管理機構，將族田簡單地統一由宗祠管理，在廣東地區亦稱為「祖堂」。一般由宗子、宗長、支長擔任領導層，下設宗使、宗理等職位，負責催辦、收租、職儲等日常事務。宗祠統管的形式在明清時期亦十分普遍，但沒有像義莊專管一樣有著龐大而嚴密的管理體制。

輪值管理，乃族產管理的另一種形式。由族眾按房、按人輪流管理族田，任期一般而言為三年，定期輪換，周而復

---

101 梁氏僑港貽遠堂，《梁氏家譜》，2014 年重修，頁 499。
102 張景燾，《登榮張氏族譜》，卷 19，〈義田收放章程〉，頁 10。

始。輪管之房「值年」時需負責族田經營的一切大小事務，包括貯銀、貯契、支數等工作。與此同時，族長、宗子亦擔任著監督和領導的角色。實際上，輪值管理的資格亦非族內所有房支都能擁有。有些宗族規定只有捐產的房支，或一些族中公舉的「殷戶」房支才能有輪管族田的資格。某些較為嚴屬的宗族亦規定，值年之人需要把私產交由宗祠作抵押，如有虧欠則充公其產。

　　從以上三種管理形式來看，包括義莊、宗祠和輪值管理，都有由族人公舉擔任的管理職位，族產的管理權看似屬於全體族人，然而，族長、宗子實際上仍掌控著族田的管理大權。

4. 族產的經營

　　族田的經營主要採取租佃形式。簡單來說，即承租人與田主，即族田管理人，訂立租契、佃約，詳細註明田界、租額、年限和押金等條款，並在第三方見證和擔保下於批約上簽字，以為憑據，以後按約耕種交租。有些宗族為防止管理人與承租人私相授受，設立了投標招佃的方法——將應批之田在宗祠當眾開標，由佃戶投標，價高者得佃，降低管理人擅批舞弊的機會。地租方面，則有實物地租和貨幣地租兩種。除了一般的租佃形式之外，還有佃僕制度的形式。佃僕隸屬於地主或宗族，世代為僕，負責耕種族田，屬於一種依附關係較強的租佃制。

　　族田之經營比一般私人田地嚴格。舉例來說，宗族多數規定族田只許族外租，禁止本族人租佃族田。此乃由范氏《義莊規矩》最先提出：「族人不得租佃義田、詐立名字同」。[103]目的是防止同宗族人利用血緣身份「侵扣」族田，吞租奪息，

---

103 范仲淹，《范文正公集》(收入《四部叢刊初編》，第 819 冊，景
　　江南圖書館藏明翻元天曆本)，卷九，〈二相公指揮修定〉。

又避免因催租而引起族內的矛盾。若不加規限，久而久之，甚至會破壞氏族公產之體制，使宗族失去族產基礎而衰落。惟此一制度在清朝有所改變。禁止族人私自典賣族產之規定，正是防止子孫後代坐吃山空，無限制地分割族產。在廣東地區，出賣族田的規限一般沒有如此嚴格，但大多宗族仍要求在族中長老一致同意之下才能出售族田。

《江夏陳氏義莊條規》中提到：「族人不准租佃本莊田畝。義莊之業概置田畝不置別產，亦不典押，並不得買族人田畝。」[104] 置田不典賣、只準絕賣的規定，目的是為避免日後的糾紛，保證族產業權穩定。而不得典買族人私產的限制，除了是避免引起族內矛盾的原因之外，亦鼓勵宗族向外擴張實力。在收租方面，宗族也較一般地主為嚴厲。其中，江蘇無錫華氏的義莊規條中有以下說法：

> 「義田與尋常家產不同，家產止供一家之用，租缺尚可別圖；若義田缺租，其漕銀贍族以及一切公用何從挪補。（義田）每年收租定例三限，額外讓收庶幾，各佃踴躍爭先。倘頑佃抗欠，即行送官嚴追。如或扇人串吞，亦即一併究治。」[105]

對於欠租者，有些宗族會發動「合族公討」，甚至會將欠租者所佃的族田收回另投。其意思是，由於族田乃氏族公產，而其收入所得更是維持宗族體制的經濟支柱，故所有對族田的侵蝕都會對氏族全體利益造成影響。因此，宗族無論在管理抑或經營族田時，都會訂立嚴格的規條。

而族田收租之盈餘和利息，除了用以續買族田之外，宗族又會以借貸、放債方式經營財富；或經營一些工商業，如織布廠、麵粉廠或作坊等。這些途徑都為宗族帶來了可觀的財富，以維持氏族的發展。以下，我們將檢視這些族產收入

---

104 陳鑾，《江夏陳氏義莊規條》，頁 34。
105 華氏存裕堂，《華氏新義莊事畧》，頁 40。

的用途與分配。

5. 族產的用途與分配

　　從以上各章，我們分別說明了族產的特色、增值來源、管理和經營方式，對族產有了一個初步的了解。而族產作為一個氏族公產，是維持宗族制度的物質基礎，那麼宗族實際上又如何使用和分配族產的收入？正如第七章所述，族田在初設置時雖然有因用途不同而產生各種名字，如供祭祀、修祠修墳之用稱為祭田、墓田；供贍貧弱族人之用則稱為義田；亦有供教育用的書院田、義學田。不過，大部分族田的收益用途都並不嚴格局限於其名字所指定的用途。

　　族產的收入用途主要有六大項。

　　第一，完納賦役。雖然族田為氏族公產，但仍需要像普通私田一樣，向國家交納賦稅。實際上，在明清時期，交納稅款更是大部分宗族族產收入支出的首要內容。正如先前所提，宗族置族產時往往會「立約聞官」，以得到政府的承認和保護。而政府亦樂見於此，對這種收族、穩定地方的社會慈善行為加以認定和表揚。宗族一方面為了獲得政府的支持，另一方面可獲朝廷旌表，顯祖揚宗，於是都積極主張按時交納稅項。所謂「佃戶欠租，爾等且不甘心；業主抗糧，朝廷豈無法律」？[106]是故，宗族在安排族產收入的分配時，首先是考慮繳交賦稅。有些宗族還專門將部分族產的租入撥出，以完國課。如廣東佛山梁氏《貽遠堂家規》所規定：「國課宜完，每年錢糧按期清繳。如到期不繳者，由始祖嘗項或房祖嘗項先行代繳」[107]。而有些宗族亦會專為族田另立一戶名，作為國家課稅的對象。例如清嘉慶時江蘇金匱安氏的《義田規條》所記：「此田另立戶名安永義，辦糧呈明本

---

106 陳培桂，《淡水廳誌》，卷十五上，〈禁約八條〉。
107 梁氏僑港貽遠堂，《梁氏家譜》，2014 年重修，頁 499。

圖24：佛山羊額村何氏宗祠進行太公分豬肉活動

圖片來源：〈「太公分豬肉」原來是順德冬至傳統習俗，今日你收到「太公」的燒豬肉了嗎？〉，珠江商報，2016年12月21日

縣，詳司存案⋯⋯」[108]

　　第二，祭祖修祠。祖先崇拜之觀念，可以說是中國宗法制度得以成立的最重要前提。而祭祀祖先的活動，更是維持宗法制度的精神動力。在南宋，朱熹又大力提倡興建家族祠堂，並將祭祖禮儀規範化和世俗化。自此，民間的祭祀活動就非常頻繁。每年立春、清明、重陽、冬至，均是祭祖活動的重要日子，還有其他各種「小祭」。祭祀儀式所需的祭品種類繁多。簡單的一般包括三牲、酒肉羹飯、茶盆水果等，還有金銀紙錠、香燭炭火等。祭祀之後，又有分胙的儀式——即我們常聽到的「太公分豬肉」。這些祭祀的禮儀規矩都需要龐大的開支，尤其是在宗族集體合祭的情況下，耗費就更加巨大。另一方面，很多宗族為尊祖敬宗又會修建祠堂，修祠、修譜也是一筆很大的開支。而族產的收入正是舉行這些祭祖活動的經濟保證。

---

108 《膠山安氏乘瞻族錄》，轉引自常建華：《中華文化通志•宗族志》，頁354。

　　第三，贍養族人。北宋范仲淹設義莊的初衷，最重要的一項就是賑濟貧困的族人。范氏《義莊規矩》規定逐房計口向族人發放義米冬衣；資助族人嫁娶喪葬。[109]後世的宗族在此基礎上，斟酌損益，制訂了各種贍族規定。具體而言，包括衣食、嫁娶、生育、喪葬、養老、幼孤、寡婦、廢疾、習藝、災病等。在如何決定受贍資格方面，各家各族均有不同，可以說是各處鄉村各處例。但大體上、基本上的原則如下：「計口授糧」——由宗族按戶口薄登錄的各房口數分發義米，家家有份；「救濟貧家」——由於族田收入有限，並不是每個宗族都有能力按口授米，故有些宗族只贍鰥寡孤獨貧病之族人；「分辨親疏」——所謂族有親疏、莊有貧富，一些建置族田的地主、建莊者會優待其本支和近族的子孫，而待薄遠親的族眾；「外姻疏族」——即姻親、異姓入繼、出繼他姓等人都不受贍；「不贍原則」——有些宗族亦制定因懶惰而失業的族人不受贍，不孝的子孫不受贍等規條。

　　第四，獎助教學。宋明時期，學術文化傳播至社會各階層，民間辦學，即所謂「書院」風氣興盛。而政治權的解放，貴族階層和大門第瓦解，參政不再由貴族門第壟斷，刺激了平民大眾考取功名以向上流動的希望。因此，宗族往往都將族產收入的一部分撥作助學用途，有的更專設義塾，以資助及鼓勵子孫登科入仕，光耀門楣。這種來自地方宗族的民間教化事業，很大程度上彌補了官學的不足。實際上，宗族組織的存在促進了許多地方的公共事業。除了私人辦學外，還有修橋鋪路、建義塚、設義渡、修水利等，保障了基層社會的穩定發展，有利於政府對地方的管治。

　　第五，儲糧備荒。除以上所述的幾種用途之外，宗族在分配族產收入時，都會規定將收入的一部分儲存起來，以防災荒。所謂「三年耕，必有一年之食」[110]，積穀防饑是中國

---

109 范仲淹，《范文正公集》，卷九，〈文正公初定規矩〉。
110 《禮記》，卷4，〈王制〉，頁11。

農業社會的傳統思想。若有餘款或花息收入，宗族又可用款項的一部分續置新的田產。

　　第六，保鄉衛族。在沿海地區或一些偏遠鄉村，經常出現海盜或山賊之類入村洗劫，或與附近村落異姓的宿怨械鬥。由於官府兵力不足提供保護。故此，一些氏族經常聘請各武師進駐鄉村，培訓鄉中青年男丁習武，組成更練團以自保。更有富裕的族群出資構築城牆，聘請更夫，添置武備。除自保外，更在地方層面起「保境安民」之實效。

　　順治十三年善和程氏仁山門東房派的族產支出表能為我們展示一幅宗族支出的完整景象。東房派族產年支出共十一項，主要支出有四。第一大支出為賦稅，佔總支出的四分之一。其後家眾均分、買莊屋的支出同樣佔約總收入五分之一。值得留意的是，此兩項支出非常態，非富有財力之宗族不能為。第四項支出是為祭祀之用，佔一成六。

　　由此可見，族產支出的用途十分廣泛，上至祭祖活動，下至修橋補路等小工程。族產的存在有利於團結族眾，維繫族人於宗族組織之中，可以說是支撐宗族制度的經濟和物質基礎。

6. 小結：歷代政府對族產的政策

　　在國家政府的層面來看，族產對於管治社會、安定地方，有著正面的作用。如前述，由於各宗族都以完納國課作為首務，族田客觀上保障了國家賦稅的徵收。另一方面，族產所支持的公共慈善事業亦為基層社會帶來穩定發展，有助於中央政府對地方的管治；民間辦學的風氣普及了社會教化；而宗族積極鼓勵宗族子弟考取功名，亦為國家培育了不少官僚人才。自宋起，歷朝歷代的政府都樂意推行保護、扶持族產的政策。以歷朝歷代作分析，族產的政策有以下的特色：

　　據了解，**唐代**李氏皇朝是中國歷史上最輝煌的朝代之一。在經歷了「貞觀之治」與「開元之治」的盛世，政治和經濟有長足的發展，由大官宦組成的宗族湧現，而該等宗族擁有莊園數目龐大。裴度（即《唐律》的草擬人）宗族之顯赫更可與皇族相輝映。該等大宗族擁有之族產當中以墓田為最普遍。而《唐律》均訂有保護墓田之律法：

　　　「諸盜畊人墓田，杖一百；傷墳者，徒一年。
　　即盜葬他人田者，笞五十；墓田，加一等。」[111]

　　是故，宗族墓田，自唐始，不容侵犯。

　　宋代的政策以確立、承認族產的特殊地位為主。在范仲淹創立義莊之初，由於「州縣既無勅條，本家難為伸理」，是故范氏義莊在數年間便「漸至廢壞」。有見及此，范純仁，即范仲淹之子，於宋英宗治平元年（公元1064年）四月奏呈朝廷「特降指揮下蘇州應係諸房子弟有違反規矩之人，許令

111　長孫無忌，《唐律疏議》，頁172。

類別	項目	谷數	折銀或用銀(兩)	類計	佔總支出百分比	備註
萬家眾	五房均分租谷	1200秤	84		21.88	每秤谷合銀7分。下同。
訟費	同敬宗門訟費	125秤	8.75		2.28	
建造寢室莊屋	造書院寢室莊屋	175秤	12.25	32.25	8.4	
	湊造寢室		20.			
買莊屋	買青真塢莊屋		78.		20.32	
斯文書院用費	斯文燈油	66秤	4.62	8.88	2.31	
	書院雜費		4.26			
賦役	兌本年票並舊票		56.	99.4	25.89	
	錢糧火耗及丁銀		43.4			
祭祀	祭祀用谷	242秤12斤	16.9894	63.0194	16.42	
	祭祀用銀		46.03			
佃務收租費用	莊佃年訂	18秤7斤	1.2888	5.3029	1.38	
	挑谷酒等用谷	31秤1斤	2.1741			
	挑谷酒銀等費		1.84			
恤孤	眾出度孤		0.8		0.21	
付息	付利息		0.59		0.15	
管理費	紙筆及算帳酒等		2.91		0.76	
總　計					100.	

順治十三年東房派族產收益的支出一覽表[112]

---

112 周紹泉，〈明清徽州祁門善和程氏仁山門族產研究〉，載於中國譜牒學研究會，《譜牒學研究》（中國：文化藝術出版社，1991），頁30。

官司受理」，奏呈得到批准。[113]自此有了法律的依據，得到官府的協助，范氏義莊才得以維持。實際上，范氏義莊的例子亦說明，族產若缺失政府的保護，便很容易受到侵蝕。在北宋（哲宗）元祐六年（公元1091年），刑部又規定：

> 「墓田及田內林木土石，不許典賣及非理毀伐者，杖一百，不以蔭論，仍改正。」[114]

另外，在元祐七年（公元1092年），哲宗亦頒布詔諭：

> 「諸太中大夫、觀察使以上，每員許占永業田十五頃，餘官及民庶願以田宅充祖宗饗祀之費者亦聽，官給公據，改正稅籍，不許子孫分割典賣，止供祭祀，有餘均贍本族。已上輒典賣，依卑幼私輒典賣法。不限年，許理認田宅，仍先改正。諸太中大夫、觀察使以上居住，雖有分人，不得無故毀折，輒典賣者，依私輒典賣永業田法。」[115]

可見，**宋朝**政府以法令的形式禁止分割、典賣族田，為族產的穩固提供了保障，又允許以超過限額的土地作為族產。因此，各地宗族在設義莊、置族田時都會主動「立約聞官」，為求得到政府一方的承認。除此之外，宋代政府亦對族田提供稅制的優待，包括為族田專立另外的稅籍。早在仁宗天聖九年（公元1031年），便有詔令：

> 「詔河南府，民墓田七畝以下，除其稅。」[116]

113　范仲淹，《范文正公集》，卷九，〈建立義莊規矩〉。

114　李燾，《續資治通鑑長編》，卷465，頁18。

115　李燾，《續資治通鑑長編》，卷465，頁18。

116　李燾，《續資治通鑑長編》，卷110，頁24。

後來，范氏義莊在南宋（理宗）嘉熙四年（公元1240年），亦得到浙西和糴所免其稅項，批示「范文正公義莊廼風化之所關，與免科糴」[117]。

在**元、明**兩代，兩朝政府都有推行扶植族產的政策。**元朝**政府雖以蒙古族為主體，然而地方政府基本上仍繼承了宋代的政策，對族田的設置者給予批示，以資保護。元朝大德二年（公元1298年）時，朝廷頒令：

> 「朝旨以義莊義學有補世教，申飭攸司，禁治煩擾，常加優郵。」[118]

明代亦然。惟明太祖朱元璋建立明朝政權初期，曾主張打擊地方的豪門富戶，對他們實行限制、遷徙、課以重稅，抑制了族田的發展。洪武十七年（公元1384年），明朝政府更沒收了范氏義莊在吳中的義田，「昔范文正公置義田于吳中，宋至元族人歲食其入。國初有犯法者，田悉沒于官」。[119]這些政策使族產的發展一時陷入停頓。不過，自明中葉起，打擊族產的法令漸漸廢止，里甲制的崩潰使族產的發展又逐漸恢復起來。在弘治八年（公元1495年），大學士徐溥上奏孝宗，表示自己以官俸置田若干畝，以贍養族人，並訂立家規以代代傳之；但由於「條約不關於部曹，數目不籍於郡邑」，恐怕不久後便會被侵蝕消散，所以「乞勅戶部將臣所置義田文冊用印鈐記」、「如有侵占爭訟者以官法從事」，得到孝宗批准，並著令官府「嚴為防護」，在賦役方面又給予「其義莊戶內，差役仍與蠲免」的優待。[120]明中葉以後，族田有了迅速的發展，規模遠比宋、元時期

---

117 范仲淹：《范文正公集》，卷七，〈與免科糴〉。

118 范仲淹，《范文正公集》，卷九，〈義學記〉。

119 吳寬，《匏翁家藏集》，卷52，〈書陳氏復義莊記後〉。

120 中央研究院歷史語言研究所校勘，《明孝宗實錄》（台北：中央研究院歷史語言研究所，1966），卷99，〈弘治八年四月25日〉，頁1825-1826。

要多。

　　清代政府沿襲了前朝的做法，對族產採取維護的態度。清初康熙帝的《聖諭十六條》中便有「篤宗族以昭雍睦」的訓條。其後雍正帝即位後更加以解釋和宣講，頒行《聖諭廣訓》，鼓勵各地宗族：

> 「立家廟以薦蒸嘗；設家塾以課子弟；置義田以贍貧乏；修族譜以聯疏遠。」[121]

並通過旌表制度獎勵「捐資贍族」的行為，積極推動族田的發展。賦稅方面，清政府樂於給予族產差徭的優待，又規定「義田如歲逢歉收，一概停捐」。[122]

　　其次，清代政府承襲前朝慣例，為宗族所置的族田給帖立案，載入志書，准宗族勒石為證。在康熙時便有保護族田的事例，如江蘇吳縣申時行於明代置祭田，義田，訂立規條，清被人破壞，康熙五十四年（公元1715年）該族紳士請地方官干預，仍遵舊制，「以便勒石家廟，永奉儀型」，吳縣令遂同意並得江寧巡撫的批准。[123]而宗族置族田時請求官府立案的主要目的，便是防止族人侵吞盜賣族田。雍正十年（公元1732年）刑部尚書張照啟奏，希望政府能明確規定「不得擅賣」已登記的族田，違者「以盜賣官田論」。[124]乾隆二十一年（公元1756年），江蘇巡撫莊有恭因盜賣盜賣族田的案件時有發生，上《請定盜買祀產義田之例以厚風俗疏》，刑部其後制定條例，正式在《大清律例》中禁止盜賣盜買義田祠產，將對族產之保護上升

121　雍正，《聖諭廣訓》（中國：廣雅書局，1981），頁2。

122　《度支省例》，卷6，轉引自常建華，《中華文化通志•宗族志》，頁379。

123　洪煥椿，《明清蘇州農村經濟資料》（江蘇：江蘇古籍出版社，1988年），頁78-79。

124　《張氏捐義田折奏•附義莊條例》，南開大學圖書館抄本，轉引自常建華，《中華文化通志•宗族志》，頁376。

至全國法律的高度：

> 「凡子孫盜賣祖遺祀產至五十畝者，照投獻
> 捏賣祖墳山地例，發邊遠充軍，不及前數及盜賣義
> 田，應照盜賣官田律治罪⋯⋯知情謀買之人各與犯
> 人同罪，房產收回給族長收管，賣價入官⋯⋯其祀
> 產義田令勒石報官，或族黨自立議單公據，方准按例治
> 罪。」[125]

　　另一方面，清政府亦不將祠產義田等氏族公產入官。如乾隆時的首席軍機大臣于敏中獲罪，籍沒家產。但對他在家鄉所「前後置買義田一千一百餘畝⋯⋯養贍貧族，報官有案」，認為「此係義舉，不宜動」。[126]又如嘉慶時將領永保私受銀兩獲罪，家產入官，惟「查出祠堂、祭田⋯⋯俱著賞還」。[127]

　　清代政府的這些政策和定例都為興辦族田提供了很大的保障。在國家的保護和積極推動下，族產的發展在清朝達至極盛。

125　徐本、三泰，《大清律例》，卷九，〈盜賣田宅〉，頁 14-15。
126　《清高宗實錄》，卷 1110，〈乾隆四十五年七月 12 日〉，頁 848。
127　《清仁宗實錄》，卷 52，〈嘉慶四年九月 28 日〉，頁 673。

第七章　清代的宗祠祭祖活動

　　一般認為宗族的作用是「生為養贍，死為祭祀」，可以說宗族在是沒有現代社會福利制度時，中國社會自身發展出來的社會緩和機制。在宗族制度中，祭祀祖先是一個重要的環節。通過儀式，儒家文化中等級意識得以傳播。中國社會是一個宗法社會。宗在字形上就有廟宇祠堂的意思，法則禮也。宗法就是表禮制度。

　　祖先崇拜起源於鬼神崇拜，是人類最原始的信仰之一。但一直以來祭祖行為都被統治階層所壟斷。直至明代開始，祭祖才開始不是皇帝、及皇親國戚的專擅權利，逐漸把這個權利開放給祭祖建家廟的士人。清代有「始復古制稱廟，然必品官准依式建立，其士庶之家，合族人別立宗祠可也」。[128]在清代禮制中，除了不允許民間私自祭祀遠祖，庶人可以祭祀高祖、曾祖、祖祖和禰祖四世祖先。這起源於宋朝大儒朱熹發展的程頤之理論，在《家禮》中有相關的重建周朝禮制的主張，包括大小宗法、高曾祖禰四代祖先，不出五服。墓祭對象是始祖和先祖。整體的方案影響了後代如何修建祠堂、如何祭祖等等。故至清朝則有「今民間宗祠祭自始祖」[129]的禮制。根據常建華的研究，宗祠祭祀是始祖和先祖，始祖是專祀，每個宗族所祭始祖的標準不一樣。因此清代祭祀多以始遷祖為標準，即開基祖之謂。因為把最早有此姓氏的人視作始祖，很容易有脈絡上面的問題，亦有偽造之

---

128 吳榮光，《吾學錄初編》，卷 14，〈祭禮〉。
129 常建華，《中華文化通志•宗族志》，頁 104。

嫌疑。故一般而言把最早做官的，遷往外地的可考始祖作為
開基祖。

有關於祭祖活動一般分為：「歲以春夏秋冬仲月擇吉致
祭」，[130]民間則各有不同。祠堂祭祖是宗族最重要的活動。
一般有一下的流程：

　　1.族人必到，齊聚祠堂，不許遲到。

　　2.舉行繁瑣的儀式。一般有：「每當清明，本支首事，
　　　先期已紅箋大書，某日祀某祖，貼祠門外，並編排主
　　　祭，陪贊，通贊，引贊，司遵，讀祝各執事，前一日
　　　下午薦牲習儀。至期，黎明整肅衣冠，齊集祖祠，分
　　　班致祭」[131]。

　　3.分祭品胙肉給族人。

祭祀的目的是尊祖收族，返本追遠。而分胙亦有此作
用，把這份胙肉當做祖先的恩惠。不僅如此，在祭祖時亦有
教育族眾之部分，比如：「祭畢而餕，集子弟以國法家規重
戒之，故多畏謹少敗類，有則族懲之」[132]。

清代雖然是滿族入主中原，但在教化和管治哲學上，秉
承中國歷朝歷代所奉行的儒家思想，「以孝治天下」的大原
則。康熙帝有「聖諭十六條」。自雍正以後，更是通過《聖
諭廣訓》確定了這套「以孝治天下」的規範：敦孝悌以重人
倫，篤宗族以昭雍睦。時人所修族譜，更有不少把此《聖諭
廣訓》引入，在印刷業成本高昂的當時，可以看作是一種廣
泛共識的風氣。官方還鼓勵「立家廟以薦蒸嘗」，清代學者
趙翼的文章中則說「今世士大夫家廟皆約祠堂」，可見當時
官員士大夫祭祀祖先的風氣在當時已經很普遍。同時亦繼承
了程朱理學關於「小宗」文化的推崇，不是大宗所追求的自

---

130 來保等著，《大清通禮》（江蘇：江蘇書局，1883），卷 17。

131 《會縣縣志•風俗》，轉引自常建華：《中華文化通志•宗族志》，
　　頁 107。

132 《醴陵縣志》，轉引自常建華，《中華文化通志•宗族志》，頁
　　108 頁

始祖以來一脈相承永不中斷，而是宗族成員之間實際的、甚
至是部分的生活範圍相連的世系關係。蘇洵所言：「大宗之
法，冠以別子，由別子而列之，至於百世而至無窮；皆世自
為處，別其父子，而合其兄弟。」[133]小宗之法則是五個世代
的直系和四支並存的旁系，來表現一個範圍有限的實體。[134]

　　祭祖活動是由有限的人擁有參加的資格，並且在祠堂中
進行的。今人對祠堂的研究多集中於南中國一帶，北方大部
分的宗祠都被破壞。劉華在《中國祠堂的故事》一書中就列
舉了63座現存的祠堂或祠堂群落，這些祠堂展現了宗族活動
對中國社會形態的塑造，也是宗族這一社會組織大量存在的
證明。[135]對於祠堂的研究中都表明，作為重要的祭祀祖先的
空間，從西周的「天子七廟、庶人無廟」的等級制度，到清
代盛行之祭祖活動，中國的社會文化一直有通過祖先血緣連
接之傳統。除了祭祖，祠堂亦是一個置放神主牌的場所；族
長向族眾宣講國家法律，集中教化的場所；處理內部糾紛、
討論事務的場所。

　　總的來說，宗祠祭祖活動乃一個凝聚宗族的活動。在
這種團體的活動中，地方社會得以鞏固，並且還需要有一定
的經濟條件才可以達成這樣的規模的祭祖活動。清代的祭祖
活動是繼承宋代的形式，並且以國家的孝道治國為核心。在
這個過程中，輩分、年齡、品德、功名、財產勢力都會在典
禮上展現，是屬於一種庶民化的等級制度的體現。正如明末
清初廣東學者屈大均所言：「今天下宗子之制不可復，大率
有族而無宗……有祠而子姓以為歸，一家以為根本，仁孝之
道，繇之而生。」[136]

---

133 蘇洵，《嘉佑集》（收入《欽定四庫全書》，集部三），卷十四，
　　〈大宗譜法〉，頁15。

134 錢杭，《中國古代世系學研究》，《歷史研究》，2001：6（北
　　京：2001），頁3-15。

135 劉華，《中國祠堂的故事》（濟南：山東畫報出版社，2015年）。

136 屈大均，《廣東新語》（北京：中華書局，1985　年），卷　17，〈
　　祠〉，頁464。

1. 清代族權與政權的互動關係

　　宗族在宋之後可以看作是地方影子政權的一個重要表徵。通過血緣紐帶而進行的祭祖、祠堂、族長和族譜，族田，族學等方向之組織，使得地方社會更具有凝聚力。與此同時，國家政權又通過種種手段去參與社會自治，控制地方，雙方形成了一種互動關係。

　　中央政府給予宗族組織特別是「義莊」這種氏族的經濟共同體認可，對國家政權的穩定性和保境安民方面有著積極意義。歷史上屢次外族入侵，朝廷失陷，各地氏族群體聚族起兵勤王之舉，令朝廷起死回生之事不少，足以說明氏族組織功能又豈局限於收族贍族之功，更有保家衛國之效也！

　　本篇將著眼於清代兩者之互動，探討族權和政權在這個時期的變化和發展。

　　清朝雖是一個非漢族的政權，但仍以儒家文化為正統思想。從順治帝時期（順治九年，公元1652年）就推行明朝之保甲鄉約制度，有「聖諭六言」。康熙九年（公元1670年）又頒布《聖諭十六條》，奠定了清朝「敦孝弟以重人倫，篤宗族以昭雍睦」，以孝治天下的宗族政策十分明顯。

　　雍正二年（公元1724年）將康熙帝之《聖諭十六條》深化成洋洋萬言的《聖諭廣訓》，其中對「篤宗族以昭雍睦」提出了具體措施：「立家廟以薦蒸嘗、設家塾以課子弟、置義田以贍貧乏、修族譜以聯疎遠」。其後，清廷在雍正七年（公元1729年），頒令全國遍設講約所，使宣講會制度化。《聖諭廣訓》中提出的具體措施，漸次落實。可以看出，此時清代之政權對地方宗族勢力是非常看重的。

　　清政府此一政策之推行，達致三種具體效應：

　　一、宗族法較明代更為有效。

　　二、宗法制度進一步完善化。從祠堂祭祖到族長、族田、族譜、族學等制度比明代更臻完善。

三、由於朝廷由上而下的推動，相關制度更趨完善和自治
　　化，形成一個成熟和有活力的基層社會組織。清朝作
　　為一個外族統治的政權，為其帶來安國安民的政經作
　　用。

自入關以來，清朝其實並未馬上取得各個地方的支持和
歸順，其對全境的基本統治直到15世紀中後期才可以算是穩
固。根據學者馮爾康的研究，康熙四十七年（公元1410年）
，清朝通過保甲制度初步確立了對全國的統治。到雍正年
間，朝廷進一步強化保甲制度，每甲所轄戶數不再有定數，
而只登記「人丁」、「以圖統甲，每圖分十甲……以甲統
戶，戶多少不等；有總戶，有子戶，子戶多少更不等」，[137]
這一制度結合攤丁入畝，直到民國初年，一直是地方社會的
基本構造。而上述的保甲制度，一直都是近現代學者關注的
重要問題。因為這個時期的社會形態變化對近代中國有著重
要的影響。要討論清朝的地方社會，一般而言不能不提及明
朝初期頒布的里甲制度。雖然朱元璋設計的黃冊編戶的政治
設想一直被認為是失敗的，但是這套思想卻是從勞役到用貨
幣作為收稅標準，並使之常規化的基石。學者科大衛的研究
認為，這套意識形態是通過禮儀和宗族促進了國家與社會的
關係。[138]

在這套以「尊祖敬宗，父慈子孝」為意識形態的宗法
制度中，它不僅僅有收稅功能，還有維護治安和清理戶口的
功能。因為在雍正時期，還通過推舉「族正」，制定了「兇
人為尊長族人致死免擬抵償」的條例，[139]在一定程度上是把
司法權下放到了地方。在明朝衛所制度崩潰之後，宗族的功

137　《南海縣志》，轉引自張研：〈清代縣以下行政區劃〉，《安徽史
　　學》，2009 年第 1 期，頁 5-16。

138　科大衛，《皇帝與祖宗》（南京：江蘇人民出版社，2009 年），頁
　　128。

139　《皇朝文獻通考》（收入《欽定四庫全書》，史部），卷一百九十
　　七，〈定兇人為尊長族人致死免擬抵償之例奉諭〉，頁 25。

能就更豐富起來。就稅收功能來說，同族族人以公議方式討論分攤的方法，依各戶能力在族產中提加津貼，日本學者洪性鳩認為當地的鄉約組織是由宗族組織構成。這樣的宗族組織、里甲和鄉約的數重結構，保障了地方秩序和國家稅收的穩定。但同時，正如蕭公權所指，官府和宗族之間是不穩定的合夥人，因為宗族作為百姓和官府之間的中間角色，其實可以隱藏其成員擁有的大量納稅土地。[140]

　　由於清朝政府賦予地方宗族首領治理地方社會的權利，又在某種程度上承認了宗族對族人的控制，因此這個時期族權迅速擴張。而在南中國，短暫的南明朝廷賣官鬻爵，擁有官職的家庭增多，更多家庭開始了祠堂的建設。可以這麼說，明末之戰亂使得原來類似於霍韜、方獻夫等可以影響到朝廷決策的宗族開始式微，但是他們所遺留下來的祠堂祭祖傳統在清朝社會卻變得很常見。到了乾隆時期，宗族更由於族正制的緣故有所推廣。乾隆二十二年（1757年），清廷正史將這種由「族長」組織保甲防賊和協調民事糾紛的「族正制」納入保甲條例：「凡聚族而居，丁口家多者，准擇族中有品望者一人為族正，該族良莠責令查舉」。[141]廣東、福建、江西等地區大規模推行了族正制。

　　此時，清政府透過宗族來維護社會治安，給予宗族內部一定的司法權。宗族則是代表政府的基層組織，維持社會的安定。兩者之間的互動，使得清朝對幅員遼闊疆域的控制日趨加強。正如台灣大學清史專家巫仁恕的研究所言，「在清代許多事務留給了村社及親鄰，讓它們加以非正式性管理。還有大量的政府工作，則是通過跟鄉保這類民間首領的合作

---

140 蕭公權，《中國鄉村：論 19 世紀的帝國控制》（北京：中國人民大學出版社，2014），頁370。

141 承啟、英傑等，《欽定戶部則例》（台北：成文出版社，1968），卷3，〈戶口〉，頁7。

而進行」。[142]

　　總的來說，自明後期宗族制度急速發展，家廟祭祖的禮制變動，大小宗祠的發展，到清代為統治者所用，在「以孝治天下」的基本綱領的教化體系下，宗族制度的政治色彩愈發濃厚。國家利用宗族去獲得地方社會的認可，地方社會利用國家的權威來擴大宗族的影響和合法性。比如，族譜中會收入「聖諭十六條」或「聖諭廣訓」以彰顯建宗立族的合法性。亦有史料表明，宗族亦需要國家批准其族規，從而實現政府將族法視為政權的補充，族權與政權聯手之現象。

2. 清代對宗族制度的打擊和批判

　　宗族作為中央政府在基層的重要合作對象，對於清政府來說是一體兩面的存在。尤其是宗族不僅對於稅收政策有重要的執行作用，還通過祭祀和族規等規範著民眾的日常生活。因此，對於清政府來說，宗族力量是一種重要的社會基層力量，需要有中央政府的限制，才能發揮出最大的作用。

　　從經濟的情況來說，土地稅收一直是清朝的重要經濟來源。自康熙五十一年開始，聖諭曰「海宇承平日久，戶口日增，地未加廣，應以現在丁冊定為常額。自後所生人丁，不徵收錢糧，編審時，止將實數查明造報。」[143]但是，這也僅是一個政治理想。「五十年以後，謂之盛世滋生人丁，永不加賦，仍五歲一編審」[144]，到了雍正年間「應令該撫確查各州縣田土，因地制宜，作何攤入田畝之處，分別，定例，庶使無地窮民，免納丁銀之苦；有地窮民，無加納丁銀之累」[145]，強調體恤民眾，加強社會經濟發展。然而，清廷對

---

142 黃寬重主編：《中國史新論：基層社會分冊》（臺北：中央研究院，2009年），頁473。

143 趙爾巽等，《清史稿》，關外二次本，卷121，〈役法〉，頁3546。

144 趙爾巽等，《清史稿》，關外二次本，卷121，〈役法〉，頁3546。

145 《清世宗實錄》，卷11，〈雍正元年九月22日〉，頁209。

土地的管理，卻依賴著宗族社會。清廷屢次出台相關法例，嚴懲逃稅的戶口：

> 「凡欺瞞田糧脫漏版籍者，一畝至五畝笞四十，每五畝加一等罪，止杖一百，其田入官，所隱稅糧依數徵納；若將田土移坵換段，挪移等則，以高作下，減瞞糧額及詭寄田糧，影射差役並受寄者，罪亦如之。其田改正，收科當差。里長知而不舉，與犯人同罪。其還鄉復業人民丁力少而舊田多者，聽從儘力耕種，報官入籍，計田納糧當差。若多餘占田而荒蕪者，三畝至十畝笞三十，每十畝加一等罪，止杖八十，其田入官。」[146]

　　正是由於宗族屢屢隱瞞自己實際擁有的土地，而中央政府又無法把理想的黃冊制度真正有效地實施，所以才有如此嚴苛的刑罰，以儆效尤。國家和地方在經濟上的拉鋸從未停止。然而，地方的宗族勢力，比如珠江三角洲等地，在開發山地、沙田時，又很自然地利用國家的話語，去奠定自己財產的合法性。

　　從社會穩定方面，雖然宗族一直強調「敦親睦族」，但是實際上宗族之間的械鬥，鄰里之間的利益糾紛從宗族制度成為基層組織的重要組成部分開始，就從來沒有停止。在宗族內部，由於族正制度，組織內部有很高的司法自主機制。然而，實際上有一些觸及國家機器權威的部分一直在做調整。雍正時期，政府甚至允許族權可公開處死族人。乾隆時期，政府對這個政策有了進一步調整，要求嚴格禁止一些私立禁約，用竹籠、活埋等方式處死親屬的行為。「若果係奸宄不法之徒，自當呈送官長，治以應得之罪。豈有鄉曲小人，狂逞胸臆，草菅人命之理。」[147]可以說，在這個時期，

146　吳壇，《大清律例通考》，卷9，〈欺隱田糧律文〉，頁1-2。
147　《清高宗實錄》，卷18，〈乾隆元年五月13日〉，頁466。

雖然宗族組織在地方社會迅速擴張，但是皇帝還是能以權威管制著地方勢力。但是隨著清廷式微，政府控制力變弱，清末又出現了族長有處死權的相關文檔。

　　總的來說，在「康乾盛世」下，人口不斷增長，社會經濟財富不斷積聚，政府對於社會的控制力相對來說較強，對於地方宗族的「包攬稅務」、團練維持社會秩序有一些約束，也給予他們一定的特權維持公眾事業，「地方民團以保衛其身家財產所系的家鄉，（鄉紳）總是扮演領導角色」[148]。對於宗族，政府也是有所控制，尤其在法律上會明令禁止一些損害國家利益的行為。

148　瞿同祖，《清代地方政府》（北京：法律出版社，2003 年），第312 頁。

第八章 中國宗族制度的衰落

　　由血緣來凝結社群的意識形態從遠古發酵，在兩漢得到政治上的承認，宋以後又通過族產制度深入發展和穩定下來。但是在今天的中國，當一個人被問起家族時，其腦海裡最初浮現的都是核心家庭，宗族血緣觀念似乎在逐漸弱化，呈衰退之勢。本章將從社會意識形態轉變角度去探討這一問題。

　　1873年，晚清名臣李鴻章指出中國面臨著「三千餘年一大變局」。眾所周知，晚清以後，中國面臨了西方國家的諸多挑戰。傳統中國社會的意識形態也開始逐漸產生了變化。在這個過程中，有兩個元素尤為值得注意：

　　1.「師夷長技以制夷」的西學東漸；

　　2.儒家文化在中國地位的變化。

　　研究指出，1905年，晚清政府廢除科舉制度是新舊中國的分水嶺。這一事件標誌著一個時代的結束和另一個時代的開始。「其劃時代的重要性甚至超過辛亥革命」[149]。透過通過科舉制度的佼佼者，「學而優則仕」的勝利者在告老還鄉之後，把中央的信息透過宗族傳遞到中國的不同角落。然而這個重要的上升渠道被打破後，新舊之爭無可避免。由於西學風潮日盛，國門日漸被外國勢力打開，部分知識分子們把這個緣由歸因為「對祖宗的迷信」，開始倡導「祖宗革命」

---

149 吉爾伯特‧羅茲曼，《中國的現代化》（上海：上海人民出版社，1989 年），頁 17。

。[150]1911年辛亥革命徹底推翻了滿清政府後，中國的政治面貌發生了重大變化。但是正如前文所言，文化形態的變化從1905年就已經開始。發展到1919年，「德」先生（Democracy）與「賽」先生（Science）已經被政治運動所利用，成為了宣傳之口號。根據學者楊華麗在梳理了眾多民國雜誌材料後撰寫的《「打倒孔家店」研究》可以看出，當時中國人對「亡國滅種」之擔憂很深，部分新青年認為，這是因為舊的禮教，讓中國走上了這個道路。他們對孔子儒學的反思，令傳統道德和形態有所改變。這一個反孔反舊式禮教，實際上是反對聖賢和對祖宗的革命。

　　1949年由中國共產黨領導的新型政權中華人民共和國成立。在政權初期，各種運動層出不窮。在這些運動中對宗族影響最大的就是——1958年的人民公社運動。這個運動形態是消滅私有產權，實施行政劃分。在此之前，1952年開始實施的土地改革制度也極大程度改造了中國的面貌。早在1927年，毛澤東在《湖南農民運動考察報告》就指出：「國民革命需要一個大的農村變動。辛亥革命沒有這個變動，所以失敗了。現在有了這個變動，乃是革命完成的重要因素」，「由宗祠、支祠以至家長的家族系統（族權）……是束縛中國人民特別是農民的四條極大繩索……族長及祠款經管人不敢再壓迫族下子孫。」[151]在這樣的思想指導下，一場發動群眾的運動就開始了：打倒階級敵人，提高農民覺悟，要求他們「吐苦水」、「挖窮根」、「算剝削帳」等等。在這樣的政治氛圍下，意識形態逐漸發展成為了「共產風」。原有宗族賴以發展的「族田」在大陸語境中漸漸淡出。到了1958年，中國農村人民公社化的進程極為迅速。在中國歷史上從沒有人民公社時期那樣，能出現從中央直達廣大鄉村基層乃至影響家庭生活方式的統一行動。

150 李石曾：《祖宗革命》，《新世紀》，1907 年 6 月。

151 毛澤東，〈湖南農民運動考察報告〉，《毛澤東選集》（北京：人民出版社，1991），第 1 卷，頁 16。

　　因此，建國初期，中國的家族制度就開始讓位與諸如農村生產隊，人民公社一類的社會單位，家庭不再是經濟單位的主體。

　　在思想層面，宗族制度的基石——儒家文化更是於「文化大革命」遭到了徹底的批判。儘管早在1919年已經有「打倒孔家店」的說法，但是真正「打倒孔家店」是在文革時期。儒家文化被徹底否定，整個中國陷入了一種狂熱的階級鬥爭之中。1974年，毛澤東以江青編撰的《林彪與孔孟之道》為材料，開始了批林批孔運動，把1971年出逃蒙古飛機墜毀的林彪與孔子相提並論後，中國科舉制度遺留下來的孔廟等建築遭到了大規模的破壞。山東曲阜「孔府孔廟孔林」中大量的石碑、古籍等等被激情的群眾破壞，燒毀。

　　在這場革命過後，中國文化根基遭到了懷疑，開始了長時間的真空期。中國宗族制度遭到了前所未有的衰落。近現代社會巨變之中，經過了長時間的動亂和嘗試，中國社會經歷了一輪又一輪的衝擊。在「左」傾的道路上，似乎認證了海耶克（F.A.Hayek）的一句話「使一個國家變成地獄的東西，恰恰是人民試圖將其變成天堂」。[152]從鴉片戰爭開始，中國人就當時的歷史形勢開展各種救亡的行動，「亡國滅種」論之氛圍層出不窮。1949年中華人民共和國成立之後，「新舊」思維開始嵌入大陸主流話語，「破除舊思想、舊文化、舊風俗和舊習慣」的社會風潮成為大陸歷史不可抹去的一筆。而以儒家「忠孝」思想為核心的宗法制度，被視為「舊」的社會組織被批判、打壓，乃至今天在國人心裡仍有不小的影響。

　　然而，在「沒有共產黨，就沒有新中國」的歷史事實面前，中國已經承傳了千百年的宗族制度，在以馬克斯主義為信仰的共產黨人主導下的社會主義改造大潮下的新中國，

---

152 海耶克著，殷海光譯，《到奴役之路》（臺北：桂冠圖書出版有限公司，1990年），頁29。

將何去何從？中華大地上但見不斷的階級批鬥，政治運動此起彼伏，層出不窮。使很多人都若有所失地認為，傳統的中國，特別是佔八成以上的中國村落宗族文化將毀於一旦。但實際情況卻並不如此。

　　上世紀90年代，王滬寧出版了一本專著，名為《當代中國村落家族文化：對中國社會現代化的一項探索》。[153]這本書有別於一般傳統學家純理論式的探索，而是通過對分佈於廣東、廣西、湖北、江西、福建、浙江、江蘇、遼寧、安徽、陝西、甘肅和四川等合共15個村落進行調查報告。這本書融匯了田野考察和參考了大量的歷史文獻等資料而寫成，是一個傳統與唯物史觀的科學分析。

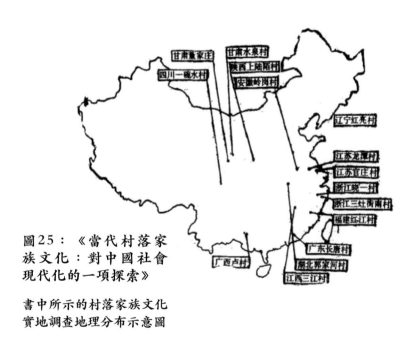

圖25：《當代村落家族文化：對中國社會現代化的一項探索》

書中所示的村落家族文化實地調查地理分布示意圖

---

153 王滬寧：《當代中國村落家族文化：對中國社會現代化的一項探索》（上海：上海人民出版社，1991）。

「中國村落家族文化結構」調查

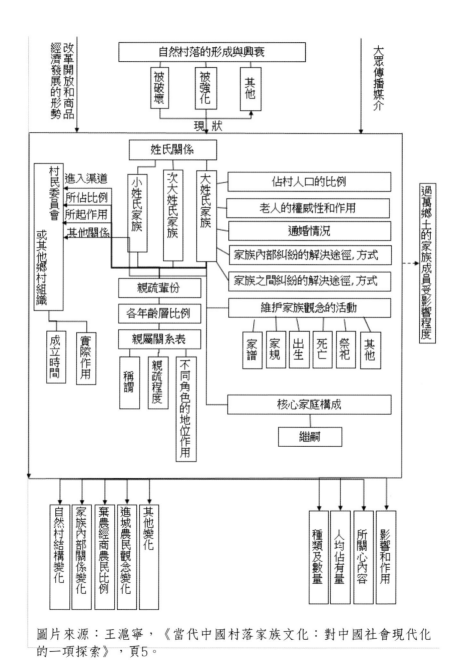

圖片來源：王滬寧，《當代中國村落家族文化：對中國社會現代化的一項探索》，頁5。

書中就五個方面：（一）背景、（二）結構、（三）功能、（四）嬗變和（五）選擇進行分析而寫成。王氏在其書指出：

> 「鄉村發展在很大程度上制約著中國社會的發展，制約著中國現代化的進程。中國哪一天可以說是一個現代化的國家了，我想應當是整個社會均衡的現代化，是11億人共享的現代化，而非城市式一部份人口的現代化」。

> 「村落宗族文化是中國鄉村傳統的組織特徵和文化特徵，並且有材料證明，隨著聯戶承包責任制的推行，家族或家族的作用又趨活躍……村落宗族文化在中國社會—歷史—文化的總變遷中究竟發生了何種變化，改革開放對村落文化有何影響，村落家族文化對中國的現代化的意義是什麼？」[154]

當然，誠如作者所言，「它們肯定不能涵蓋其他成千上萬個村落家族共同體所具有的不同特點」。[155]但對很多學者，特別身處海外的學者而言，這對研究中國宗族或家族制度在社會主義新中國的新時代下的承傳，極具參考價值。同時，對習近平提出的四個自信：道路自信、制度自信、理論自信和文化自信，當有更深刻的了解。從側面而言，宗族和家族制度對中國社會具有深厚的影響力。

在該書分析的十五個案例中，其中的一個案例（案例13）證實了宗族主義的強大生命力：「1951年郭家河建立民運鄉，成立農會，為了抑制郭家的勢力，成立了楊、張、孫、李四家農會，沒有郭家農會，郭姓成員全部分散到上述四家

---

154 圖片來源：王滬寧，《當代中國村落家族文化：對中國社會現代化的一項探索》，頁5。

155 王滬寧：《當代中國村落家族文化：對中國社會現代化的一項探索》，頁2。

農會中去。這對抑制宗法活動起到積極的作用。但40年之後反觀一下，郭家宗姓依然存在，血緣關係的宗族依然存在。郭姓家族分屬方河、金檔兩村，但依然是一個家族，而且是強性的村落家族。」[156]

　　本書將在後續的章節，希望藉由香港的宗族制度這個「活化石」為例，分析今天的家族制度對「中國夢」，中華民族的偉大復興有何意義。這個承襲了中國幾千年歷史的社會實踐，可以對中國今天的社會有何新的建設性的啟發。

圖26：「打倒孔家店」宣傳畫

圖片來源：林桂榛，〈1960年代山東曲阜《討孔戰報》28輯總目錄〉，儒家網，2019年3月25日

---

156 王滬寧，《當代中國村落家族文化：對中國社會現代化的一項探索》，頁79。

下篇

新界的祖堂

第九章 新界的定義與新界祖堂的沿革

　　新界，現在一般被認為是香港特別行政區的三大組成部分之一。自英政府和清廷在1898年《展拓香港界址專條》簽約之後，新界地區成為了英佔香港的其中一部分。其實，關於租借地在國際法上一直沒有清晰的定位。因此，與香港島和九龍地區不同，英殖民政府一直都是區別對待新界並據此制定政策。時任輔政司駱克（James Stewart Lockhart）在考察新界後，感歎道：「巨大差異（the great difference）」，認為新界的居民與港島、九龍之居民的生活模式是不同的，故根據傳統制定相關法律，以治理該地區。當時的新界主要是以農業為主的經濟模式，有700個村莊和墟市，並且有幾大宗族去維持地方的秩序。土地是這個地區的主要依靠。因此，在租借新界之初，港英政府和清廷對新界進行了多次土

圖27：中英街第六號界碑

圖片來源：〈直觀呈現「界址專條」歷史紀錄　學者籲列界碑為法定古蹟〉，香港商報，2019年10月30日

地測量。1899年3月18日，在新界北部勘界完成，沿線有「大清國新安縣界」之木樁。1905年換成石樁。[157]

在土地問題上，1900-1904 年港英政府第一次繪製新界土地測量圖。但1957年的《新界民政署年報》認為此前的測量有大量缺失，所以做了一次新的測量。1963年為香港做航空測量。現在新界內陸面積為747.18平方公里，加上233個離島有975.23平方公里，有52.2%的香港人口居住於新界。

在1898年之前，新界屬於清朝的新安縣，行政組成分為鄉、都、圖及村等地方自治團體。行保甲制度，以十戶為一排，十排為一甲，十甲為一保，並由士紳耆老選舉出地保和總理，再由官諭認證。在英國租借新界之初，沿用舊制，各區鄉親父老商討區內事務，處理與港英政府的關係，及日常的民生事務。1907年，港英政府在大埔設立理民府，管轄新九龍、新界和離島區。1974年，新界政務署接替新界民政署管轄七個理民府。1981年，港英政府發表《香港地方行政白皮書》，推行區議會計劃，在新界設立9個區議會。除選出民選議員外，還包括委任新界27個鄉的主席成為當區的當然議員。1985年《中英聯合聲明》發表後，開始討論《基本法》草案。1997年香港回歸前，為了保護新界原居民的合法傳統權益，新界鄉議局[158]時任主席劉皇發以《基本法》起草委員會委員身份赴北京參與起草工作。1990年4月，全國人民代表大會通過《基本法》，其中第四十條為：「新界原居民的合法傳統權益受香港特別行政區的保護」。至此，新界原居民的合法傳統被視為憲制性之權益，得以受《基本法》保護。

總的來說，新界經歷了99年的英國管治，從曾經清朝

---

157 香港史學會，《文物古蹟中的香港史》（香港：中華書局，2014年），頁229。

158 新界鄉議局前身為「租界農工商業研究總會」，1926 年，時任港督金文泰更名為「鄉議局」。1959-1960 年重組，並根據香港法例第 1097 章《鄉議局條例》成為法定團體。

統治下的八約劃分，到港英時南北約理民府的管理，短暫的日據時期後，又回復英國殖民地管理。終於在1997年，租約到期，回歸中國的懷抱。但是，由於歷史原因依舊保留著新界這一稱謂，而新界之原居民也認可自己的這一身份之特殊性。

1. 新界所在及其中西交匯特點

香港（包括香港島，九龍半島和新界）合共約1,100平方公里的土地。鴉片戰爭後，英國殖民主義者以三個不平等條約脅逼清政府取得香港和新界的管治權。而這個宗法社會，即使在英國的統治下，也依舊保留著明清時期的傳統文化和風俗習慣，可謂是中國明清制度的活化石。

中華文明是世界上所有文明中最具延續性的，中國的氏族社會延續了上下五千年。在儒家「忠孝」文化的熏陶下，一直保留著以傳統家庭為核心的經濟模式。中國自晚清以來經歷了千年難遇的變局，從滿清政府，到民國時期，再到新中國，宗法社會的格局在中國大陸一變再變。然而由於1898年，英國人向清政府巧取豪奪的租借了新界，這個巧妙的歷史原因，反而使得新界成為一個特殊的活化石。

曾任新界理民官的英人許舒（James Hayes）認為：1898年的《展拓香港界址專條》是劃出的邊界，硬生生切斷兩邊社會和經濟聯繫。直到1980年代後，深圳特區開放，兩者之間又開始有了交流。但許氏忽略了一點，新界在1898年至今，其中國的宗族制度，傳統文化和民俗仍然一脈相承，並沒有因而切斷。而兩國政府亦先後明文宣示中國的優良傳統，風俗習慣和土地權益不被剝奪。

按1911年的人口普查，新界大概有700個左右的古老村落，每個村落的平均人口在五十到一百人不等。蕭國建的《香港古代史》對這些宗族有詳盡論述。他認為宋末二帝南

遷，行軍至此，部分軍隊家眷留在此地，比如龍耀頭鄧氏、屏山鄧氏、屯門、樟木頭、上水廖氏，屯門陶氏，河上鄉侯氏，衙前圍吳氏，大埔太坑文氏、新田仁壽圍文氏等。[159]許舒認為在這些宗族中，鄧氏是最早來此定居的。他們以種植稻米、蔬果、茶等農作物為生，副業有漁業、採珠和燒灰等。有歷史材料認為他們曾經在元代時組織抗元活動。

如同中國傳統宗族社會一樣，香港之宗族亦有這些特點，他們有自己的祖堂制度，有共同的祭祀，聚族而居，保留著傳統的文化和生活習慣。從系譜的角度，他們因血緣和地緣的關係聯繫在了一起。但根據上文所說之斐利民的研究，土地是這些宗族存在的一個重要原因。因此，由租借地到一國兩制，新界的宗族一直保留著他們獨有的特色，但土地問題一直是非常重要的一部分。

在被租借伊始，新界宗族便呈現了中國氏族社會極有組織性的一面：「吾等痛恨英夷，彼等即將進入我界內……民眾對此定為不滿，決心抗拒……願我全體親友持械前往」。[160]關於這場堅持了六天的村民抗殖民入侵的起義行為，被前英國殖民地官員夏思義（Patrick　Hase）寫成了《被遺忘的六日戰爭：1899年新界鄉民與英軍之戰》。但按昔日新界鄉民的武裝和規模，實在難以和當時的大英帝國侵略者相比擬。加上清政府的袖手旁觀，村民尤如螳臂擋車，只能說是一群擁有愛國心的村民對侵略者的武裝表態。因此，夏氏以「戰爭」一詞來表示當日的反英抗爭，實有誇大之嫌，以掩飾其以大壓少、以強凌弱的不光彩海盜行為。這一場並非戰爭，而是血腥鎮壓，充其量是民眾的起義（Uprising）鬥爭。這場武裝鬥爭的最後結果是由主和的時任總督卜力

---

159 參考薛鳳旋、鄺智文編著，〈附件　2.1：歷代遷入之氏族與同族分遷一覽表〉，《新界鄉議局史：由租借地到一國兩制》，（香港：三聯書店，2011 年），頁 356-359。

160 薛鳳旋、鄺智文編著，《新界鄉議局史：由租借地到一國兩制》，頁 41。

（Henry　Blake）爵士解決，「把上個月發生的事情一筆抹掉」。自此，英國殖民政府以懷柔代替暴力手段，與新界的氏族建立了一種友好關係，對儒家文化有認識的英國殖民官員駱克最後亦承認：「英國要成功管理這片新領土，極有賴於這種自治。」[161]

圖28：屏山聚星樓[162]

　　總的來說，新界地區的鄉土社會是中國宗族社會的一個縮影。對於普通讀者，還有專業研究者來說，新界都是了解中國鄉土社會的鑰匙。讀者如若到新界屏山文物徑走一走，還能有一種穿越回清代的感覺。在英國管治後，新界之鄉土社會面貌無疑有了一定的改變。尤其是70年代後，香港變成

161 許舒（James　Hayes）著，林立偉譯，《新界百年史》（香港：中華書局，2016），頁45。

162 古物古蹟辦事處，〈聚星樓〉，https://www.amo.gov.hk/tc/historic-buildings/monuments/newterritories/monuments_75/index.html，擷取日期：2022年12月22日。

了個高度發達的現代化工商業社會。但是在此之前，中國社
會中的鄉村部分，與西方不同，農村才是中國管治的重點。
中華人民共和國開國領袖毛澤東也是因為深刻的意識到了這
點，走「農村包圍城市」的道路，才讓中國共產黨的武裝力
量能夠突出重圍，最後領導共產黨成功建立了新中國。

　　本章即以研究新界的祖堂制度，進一步說明新界氏族社
會在近現代歷史發展中的變革。

2. 祖堂出現的原因

　　中國的主流文化受儒家思想所影響，十分重視孝道。歷
朝歷代多以「以孝治天下」作治國方針。所謂家國一體，家
是國的縮影，國是家的擴大化。歷代以來的政府都將孝道、
家庭倫理之理念推廣成為社會、政治的倫理與規範。宗族便
是一種以共同認可同一祖先為主體的血緣組織，重視宗法、
祖先崇拜等的觀念。新界原居民主要來自廣東、福建及江西
一帶，他們的生活習慣亦受中原主流文化影響。因此，新界
各氏族除了家戶內的祖先神位以外，社區裡亦有祠堂安放共
同祖先的靈位，定期祭祀，以示對祖宗的尊敬與感恩之心。
在新界的宗族，每逢大小節日都有拜祭活動。每年的立春、
清明、重陽、冬至，更是祭祖活動的重要日子。然則，無論
是拜祭祖先，還是修建祠堂，都需要一定的花費。置族產以
維持宗族活動的開支，是各地宗族普遍的做法，新界各氏族
亦不例外。有關族產的基礎內容可以參考上篇的族產部份，
此處便不再贅述。在新界地區，這些族產一般名為「蒸嘗」
，蒸、嘗本指秋、冬兩祭，後來亦指津貼祭祀活動支出的族
田。這些族產往往以祖先的名義設立，並以「祖」或「堂」
的名義登記。這便是祖堂出現的因由。

　　成立祖堂的另一原因，亦是為解決傳統的家族團結原則
和分房分產原則的矛盾（見「上篇第三章：房分與宗族的結

構」）。根據中國人傳統，族是維繫在一起的，但同時卻容許個人產業依房均分。為了保持氏族的團結，便把某部份產業變成氏族的共同產業，指定不得分割或私自典賣；族產利益由男性子孫享有，其收益除作為家族祭祀經費外，亦作津貼直系後人教育、喪葬、助婚等用途。因此，祭祖活動、祠堂、族譜、族產等都是維繫宗族團結的重要元素：祭祀祖先使人有慎終追遠的良好品德，增強族人對宗族的向心力；祠堂是族人進行祭祖活動的中心；族譜記錄族人的資料，包括世系和族員生卒年月；族產則是氏族成員的共同財產。各個元素相互依存，互相配合。

總括而言，祖堂是一種以祠堂為中心，祭祀共同祖先為集體活動，並有族產作為其固定經濟基礎，因而兼有經濟共同體特質的宗族組織形態。

3. 1898-1997殖民地時代祖堂的法理地位及管理方式

在1898年6月清政府與英國簽訂《展拓香港界址專條》後，英政府未有即時接管新界，而是委派了當時的輔政司駱克對新界地區進行全面勘察。報告於同年10月完成，當中記述「新界」地區的人口、地理、土地、社會、文化等各方面的情況。駱克在報告中指出：「新界人口接近十萬人……居民多以農業維生……生活勤儉、簡樸」。可見，當時的新界是有著完整而成熟的農耕社會與氏族村落模式，土域遼闊且人口眾多，與1842年英國佔領香港島時只有數千居民的情況極為不同。因此，如何接管新界和制定往後的管治政策成為了當時英政府需仔細考量的問題。翌年3月，英國正式接收新界，新界居民為維護國家尊嚴、宗族權益，自發組織起一場武力抗拒英軍接管新界的抗英反侵略運動。當時的新界鄉紳以位於屏山達德約的「達德公所」作為基地，在數個大宗族的召集之下，組織起數個約的鄉民，募集糧食，購買

武器軍備，張貼「抗英揭帖」並奮起抗擊英軍。其後數位新
界鄉紳又於元朗設立「太平公局」作為指揮部，號召近千名
鄉民對抗英軍。整個行動歷時約三星期，最終新界鄉民為英
軍所敗，傷亡慘重。根據達德公所為抗英志士而立的紀念碑
所示，犧牲的鄉民數目逾一百七十人。英軍到達元朗、錦
田一帶鎮壓反抗運動時，又把錦田鄧氏的兩個圍村——吉慶
圍和泰康圍之圍斗炸毀，奪走圍村的連橫鐵門並運往英國。
輾轉之下，英國終於在1925年應鄧氏鄉民要求，把鐵門運
回香港並物歸原主。此是後話，暫且略過。最終，新界鄉民
的抗英反侵略運動被英軍鎮壓，港督卜力於1899年4月26日
宣佈所有抗英運動已平息，正式確立了英國對這片「新租之
地」——新界往後的殖民統治。

　　輔政司駱克當年曾用「巨大差異」來形容這片新租之
地，他所指的是新界鄉民與香港島居民之間的鴻溝。當時
的割讓地區——香港島和九龍半島，已經開始城市化，與極
大部分仍是以農耕社會為主的新界地區十分不同。其後英

圖29：屏山達德公所

圖片來源：古物古蹟辦事處，〈屏山文物徑〉，古蹟辦網頁

政府在管治新界時，逐採取不同於香港島和九龍半島的政策和措施，以示新界的特殊性，並間接保持了新界鄉民的傳統習俗、文化。因此，許多在香港市區和中國大陸（尤其是在1949年共產主義革命後）逐漸湮沒的傳統中國習俗，在新界卻一直得以保留。前港督葛量洪（Alexander Grantham）更形容新界的「中國色彩幾乎比中國本身更加濃厚」。

儘管如此，新界地區作為一塊「租借地」，與港九割讓地有著本質上的不同。從《界址專條》一方面看，在法理和原則上，英國並不擁有對新界土地的所有權，而只是擁有在租借期。即99年之內，對新界的行政管轄權。當時的英國官員亦注意到此問題對其管治至關重要，殖民地部大臣張伯倫（Joseph Chamberlain）曾向總督卜力指出「土地所有權的問題必須盡快解決」。這也導致港英政府在接收新界後對這片地區，尤其是土地問題上，進行了一系列以行政立法手段取得土地與經濟權益的行為。

祖堂制度本是中國宗族制度下不可或缺的重要組成部分，亦是氏族賴以傳承的重要機制，在新界地區已存在數百年。而族田對於維持祖堂之運作更是相當重要。但自從英國租借新界地區之後，新界氏族的土地權益發生了很大的轉變。由1898年開始至1997年之前，港英殖民地時代有三項事件對新界祖堂制度的延續和與氏族社會的傳承有重大意義。

3.1 《展拓香港界址專條》

第一項是《展拓香港界址專條》的簽訂。1898年6月9日，中英雙方簽訂《界址專條》，英國租借界限街以北、沙頭角及深圳灣以南，原屬新安縣境內的大片土地，名為「新界」，為期99年。以下是條約內容的部分節錄：

> 「溯查多年以來，素悉香港一處非展拓界址不足以資保衛，今中、英兩國政府議定大略，按照粘附地圖，展擴英界，作為新租之地……以九十九年

為限期……在所展界內，不可將居民迫令遷移，產
業入官，若因修建衙署、築造炮臺等，官工需用地
段，皆應從公給價……」

　　一夜之間，新界地區的管治者由大清國變成了大英帝
國，對於新界鄉民來說是翻天覆地的變化。他們世居新界已
久，農耕、鄉郊社會的生活文化已經深深扎根。對於如斯巨
大的改變，新界鄉民對前景十分恐慌，甚至進行了激烈的抵
抗行動。雖然《界址專條》條約列明，英國政府不得迫令
居民遷移（Expulsion），亦不得將其產業入官（Expropria-
tion）。若因修建衙署、砲臺等官工用途而需要徵收土地，
亦應從公給價，某程度上保障了居民的土地權益。亦可以
說，在簽訂條例的那一刻，新界居民仍然擁有對其土地，包
括祖堂地的支配權；新界土地的擁有形式仍沒有大的轉變。
然而，其後證明新界鄉民當時的反抗不是沒有道理的——因

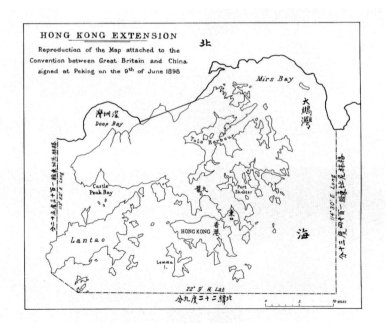

圖 30：《展拓香港界址專條》附圖

為英國政府在1898年後數年之內，頒布了一連串的土地法令，將新界土地的擁有形式徹底改變。

在英國接管新界地區之前，新界的土地業權形式屬於永業權，有官方承認的「紅契」和用於民間交易的「白契」兩種土地契約（擁有地契者即擁有該土地的永久業權，亦即是所謂的「地骨」權，承耕土地的佃農則只有「地皮」權）。惟在1900年，英政府頒布了《1900年新界田土法庭法案》，其中第17條指明「本條文宣佈所有位於新界的土地，在《界址專條》訂明的租借期內，皆屬於大英帝國財產……」，「所有佔有新界土地的居民，都將被視為霸佔官地，除非其所佔土地得到政府發出的官批，或田土法庭發出的其他契據……」。此舉可被視為英政府將新界之土地收歸官有，與《界址專條》中的條文有衝突。隨即，英政府又通過《1900年官地收回條例》並適用於新界，授權政府可徵收新界土地作公共用途。自此，新界鄉民的土地再沒「不可產業入官」的保障。在1905年，英政府再以集體官批（Block Crown Lease）的土地登記形式，替換新界土地之業權人的土地紅契、白契，一方面將新界居民的土地擁有形式，由「永業權」，轉變成「承租權」，另一方面更加以規限土地的用途，限制土地發展。

從當時的登記表格上看，當中有不少登記土地都為宗族、祖堂所持有。在英政府一步一步侵蝕新界的土地和經濟權益之下（包括土地所有權、發展權等），這些宗族的土地權益受到嚴重損害。在集體官批的登記過程中，不少宗族的土地被政府沒收，即使向田土法庭上訴亦多以失敗告終。須知新界鄉民有著中華傳統的土地情結，土地是他們整個族群賴以傳承的命根；祖堂的土地產業更是維持新界氏族社會的最重要載體，為族內的祭祖、修祠等活動提供資金來源。任何形式的土地變革，對新界的氏族和鄉民來說都是生死攸關的大事。

3.2香港殖民地總督卜力的《安民告示》

惟港英政府除改動了新界土地的擁有形態之外，基本上尊重新界鄉民的傳統習俗和生活模式，因此祖堂制度才沒有在一連串改動之下消亡。第二項重要的事件，亦即是殖民地總督卜力於1899年發佈的《安民告示》。在接管新界初期，英政府受到新界居民的頑強抵抗，卜力逐於1899年年初照會兩廣總督譚鍾麟，其後兩方政府各自發表安民榜，以安撫新界村民。其中英方的告示指出：

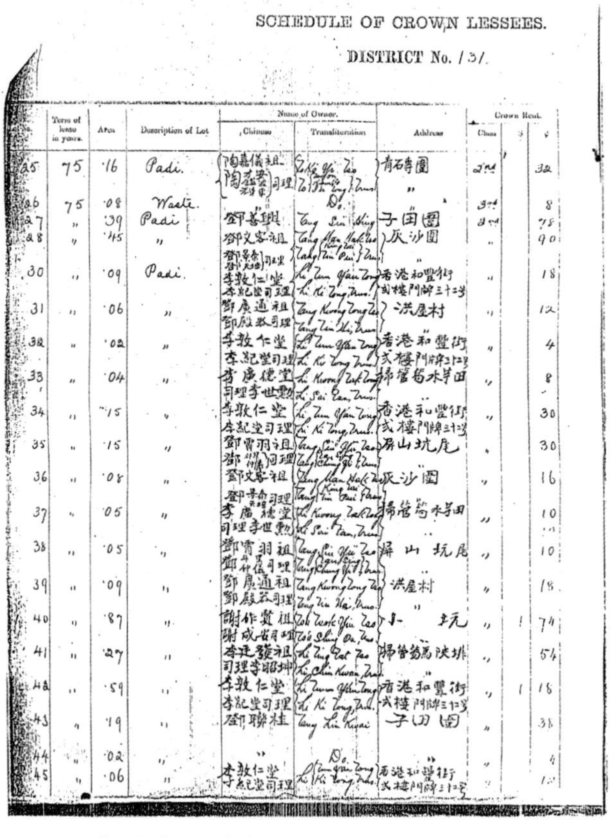

SCHEDULE OF CROWN LESSEES.

DISTRICT No. 131.

No.	Term of lease in years.	Area	Description of Lot	Name of Owner. Chinese	Transliteration	Address	Crown Rent. Class	$	¢
25	75	·16	Padi.	陶嘉儀祖 陶[illegible]司理	To Ka Yi Tso, To [illegible] Tong, Trust.	青石磚圍	2nd		32
26	75	·08	Waste.	"	Do.	"	3rd		8
27	"	·39	Padi	鄧善興	Tang Sin Hing	子田圍	3rd		78
28	"	·45	"	鄧文客祖 鄧[illegible]司理	Tang Man Hak Tso, Tang [illegible], Trust.	灰沙圍	"		90
30	"	·09	Padi.	李敦仁堂 李紀堂司理	Li Tun Yan Tong, Li Ki Tong, Trust.	香港和豐街式樓門牌三十二號	"		18
31	"	·06	"	鄧廣通祖 鄧殷[illegible]司理	Tang Kwong Tong Tso, Tang Yan [illegible], Trust.	洪屋村	"		12
32	"	·02	"	李敦仁堂 李紀堂司理	Li Tun Yan Tong, Li Ki Tong, Trust.	香港和豐街式樓門牌三十二號	"		4
33	"	·04	"	李廣德堂 司理李世勳	Li Kwong Tak Tong, Li Sai Fan, Trust.	掃管笏水芋田	"		8
34	"	·15	"	李敦仁堂 李紀堂司理	Li Tun Yan Tong, Li Ki Tong, Trust.	香港和豐街式樓門牌三十二號	"		30
35	"	·15	"	鄧霄羽祖 鄧[illegible]司理	Tang Siu Yu Tso, Tang [illegible], Trust.	屏山坑尾	"		30
36	"	·08	"	鄧文客祖 鄧[illegible]司理	Tang Man Hak Tso, Tang [illegible], Trust.	灰沙圍	"		16
37	"	·05	"	李廣德堂 司理李世勳	Li Kwong Tak Tong, Li Sai Fan, Trust.	掃管笏水芋田	"		10
38	"	·05	"	鄧霄羽祖 鄧[illegible]司理	Tang Siu Yu Tso, Tang [illegible], Trust.	屏山坑尾	"		10
39	"	·09	"	鄧廣通祖 鄧殷[illegible]司理	Tang Kwong Tong Tso, Tang Yan [illegible], Trust.	洪屋村	"		18
40	"	·87	"	謝作賢祖 謝成[illegible]司理	Tse Tsok Yin Tso, Tse Shing [illegible], Trust.	[illegible] 坑	"	1	74
41	"	·27	"	李廷發祖 司理李昭坤	Li Ting Fat Tso, Li Chiu Kwan, Trust.	掃管笏[illegible]	"		54
42	"	·59	"	李敦仁堂 李紀堂司理	Li Tun Yan Tong, Li Ki Tong, Trust.	香港和豐街式樓門牌三十二號	"	1	18
43	"	·19	"	鄧聯桂	Tang Lin Kwai	子田圍	"		38
44	"	·02	"	"	Do.	"	"		4
45	"	·06	"	李敦仁堂 李紀堂司理	Li Tun Yan Tong, Li Ki Tong, Trust.	香港和豐街式樓門牌三十二號	"		12

圖31：集體官批登記冊

　　「照得新安縣屬等處地方，勘定東西南北四
至界限開列於下，乃我大英國大皇帝承大清國大皇
帝諭旨，准行批為香港展拓界址……界內一帶地方
換樹大英旗號。乃欲各安疆界，和好長敦……於此
示諭新安縣屬界內等處各色居民人等知悉：自示之
後，爾等照常安居樂業，守分營生，慎毋造言生
事，煽動人心……凡確屬爾等自置田產，仍歸爾等
自行管業。如爾等善美風俗利於民者，悉仍其舊，
毋庸更改……今與爾居民人等約，凡有田產、屋宇
之業主，須將契券呈出，速行註冊，以便查核誰是
真實業主，無得蒙混。倘國家需用公地，可按照價

圖32：港督卜力爵士於大埔墟與新界紳耆會面，解釋管治
新界的原則。紳耆齊集，準備與港督會面，攝於1899年8月2
日。

圖片來源：政府檔案處歷史檔案館，〈歷史圖錄〉，政府檔案處歷
史檔案館網頁

值給回爾等……」

　　中方由新安縣衙門和兩廣總督發佈的告示，基本上亦表明新界居民的風俗習慣、生活文化將能保留下來：

　　　　「……民人格外優待……不得強買爾等房產田產，界內墳墓永不遷移……鄉情風俗仍舊……」

　　　　「……其已劃入租界者所有田園廬墓、風俗鄉情，即貿易生理、捕魚捉蠔等事，一切仍舊……」

　　同年8月，港督卜力在到訪新界（見上圖），與新任命的分約鄉事委員會面，向他們說明新界的管治原則，指出「但願各位……與政府通力合作，管理鄉村地方事務，使百姓

圖33：港督卜力爵士於屏山與新界紳耆會面，解釋管治新界的原則。輔政司駱克站於港督左側，面向鏡頭者為通譯，攝於1899年8月4日。

圖片來源：政府檔案處歷史檔案館，〈歷史圖錄〉，政府檔案處歷史檔案館網頁

安居，毋生紛擾……你們的善美風俗，我盡量不予干涉。我保證，各位會獲得政府全面保護，不受外界滋擾」。因此，即使新界土地擁有權、使用權產生了巨大變化，但港英政府對於新界鄉村的社會結構和風俗習慣等仍盡量悉從其舊，尤其是對鄉村的氏族社會文化予以保留。新界氏族的祠堂、祭祖文化等因此沒有遭到毀滅性的破壞，祖堂制度亦得以維持。這種尊重傳統的態度使到中國的習慣法得以適用於新界的土地問題上。此原則亦在其後訂立的《新界條例》之中，即以下這條法律條文（即現時新界條例第13條）：

> **「在法庭所進行的任何有關新界土地的法律程序中，法庭有權認可並執行任何影響新界土地的中國習俗或傳統權益。」**

規定法庭在審理有關新界土地問題時，可援引中國習慣法，以此對當時中國的傳統習俗及制度，包括婚姻、繼承、祖堂財產等予以承認，並以法律條文保護之。雖然，隨著社會進步，大部分習慣法其後都被成文法所取代，例如中國傳統婚姻制度等。這告訴我們，任何一種文化或傳統習俗要獲得持續生存和發展的機會，都必須不斷自我調整，以適應外在環境的變化，今天的新界祖堂亦如是。

3.3 《新界條例》對祖、堂的規範

然則，在尊重傳統習俗之餘，在現代文明社會亦必須有法可依。1910年所通行的《新界條例》中，祖堂制度被明文立法於港英政府的法例之中。自此，新界祖堂正式得到港英政府承認，被納入法律體系之內，並具有法理地位。此舉非常重要，正如歷朝歷代的宗族組織，都會希望得到朝廷的承認和保護，其族產才能有效地發揮敬宗收族的作用，作為氏族之傳承並代代留存下去。其中，《新界條例》中有關祖堂的部分自1910年頒令開始，沿用至今已逾百年，基本上並沒

有大的變動，確立了政府對新界祖堂土地的基本規管模式，
當年的條文內容如下（即現時新界條例第15條）：

> 「如以任何宗族、家族或堂名義，根據租契或
> 其他批予、協議或特許而持有從官方取得的土地，
> 則該宗族、家族或堂須委任一名司理作為代表。每
> 項該等委任均須向適當的部門（新界田土法庭，其
> 後改為理民府）呈報……」

這裡所指的祖堂司理，即有如義莊的莊正，是祖堂地的
代表管理人。這段條文亦代表著新界祖堂所擁有的土地，需
要由司理作代表向政府部門呈報並登記入冊，有如過往的勒
石報官，以得到官府的記錄與認可。

> 「……而官員（先為助理田土官，其後改為理
> 民官）在接獲他就該項委任而規定的證明後，如批
> 准該項委任，須將有關司理的姓名註冊，而該名司
> 理在發出訂明的通知後，並在經官員同意下，即有
> 全權將該土地予以處置或以任何方法處理，猶如他
> 是該土地的唯一擁有人一樣，並須為該土地的所有
> 租金及收費的繳付，以及所有契諾和條件的遵守負
> 上個人法律責任。每份與任何宗族、家族或堂所持
> 有的土地有關的文書，如由該土地的註冊司理在官
> 員面前簽立或簽署，並經官員簽署見證，即就所有
> 目的而言，均屬有效，猶如該份文書是由該宗族、
> 家族或堂的全體成員所簽立或簽署的一樣……」

惟港英政府為了行政便利，將祖堂的管理方式和決策機
制強行規範化。當然，這條例在最初運作時具有彈性，負責
處理的官員（理民官）擁有較高權力，而且都會居中調和，
在配合新界鄉民的傳統習俗下處理有關祖堂土地的事務。可

惜事與願違，負責祖堂事務的官員並不是每一位都熟悉並尊重新界的傳統風俗習慣。後來辦事的官員多因循守舊，顢頇了事，祖堂的運作受到種種的障礙。

> 「……官員在有人提出好的因由時，可將任何司理的委任取消，並可挑選新司理及將其註冊以代替該司理。如持有土地的任何宗族、家族或堂的成員在取得土地後3個月內並未委出司理並證明該項委任，或在更換司理後3個月內並未證明已委任新司理，官方即可將該宗族、家族或堂所持有的土地重收，土地一經重收，即為已被沒收。該項重收須以在土地註冊處將該土地的註冊摘要註冊的方式完成。」

條文的最後一段亦賦予了理事官員取消司理委任的權力，惟僅限於有祖堂成員提出好的因由。正如前段所述，此機制亦是有缺陷的。而最後有關沒收土地的條文，更是與中國習慣法有所矛盾。參考「上篇第五章：歷代政府對族產的政策」，清朝時期的習慣法，祖祠廟宇、祖堂地等族產基本上是不入官的。此處並非挾著傳統之權威而貪佔權益，而是想指出港英政府以《新界條例》對祖、堂進行規範，本應是一件德政，卻因不合理的規管以及理事官員對權責的不理解，使到祖堂制度反被條例所約束，運作受到阻礙。有關後來的發展容後再述。

以上各段，概述了新界祖堂在港英殖民地時代的發展和沿革。時至今天，祖堂制度屢經磨難，始終能在新界保留下來，延續數百年矣，不就是這個中國傳統文化具有強大生命力的有力證明嗎？

第十章 1997年香港回歸後的
祖堂制度安排

　　隨著《展拓香港界址專條》之租約於1997年完結，英國與中國商討後決定將香港島、九龍的割讓地和新界的租借地之主權一併交還予中國。新界地區自1898年起經歷了近百年的殖民地時期，然而誰都猜想不到，在這百年殖民地統治期間，香港的政治、社會、經濟面貌經歷大幅度改變。尤其在新界，自港英政府於五、六十年代起加快推動城市發展，於新界大規模收地並興建多個衛星城市、新市鎮，大量人口湧入新界。發展新界土地加速了市區與郊區的城鄉融合，新界亦不是原本意義上只有鄉民生活的鄉郊社區了。值得慶幸的是，這幾十年來於新界的新市鎮發展對香港經濟有良好的推動作用，社會民生得到改善。經過百年的風風雨雨，新界鄉民十分希望他們的傳統風俗和生活習慣都能得以延續下去。而實際上，我們知道不單止新界的鄉民，全體的香港市民都希望在回歸中國的過程中，能盡量減低對市民在生活方式、制度等各方面的影響。回歸過程絕不簡單和容易，惟中英雙方都能秉持尊重歷史、尊重現實的態度，以保持香港繁榮穩定為目標，進行談判。最終，「九七回歸」得以平安過渡，而《基本法》第40條的奠定更使新界原居民的傳統權益有了進一步的保障。回歸過程細節點滴本章則不加以贅述，而著重於香港回歸與《基本法》之制定對新界鄉民以及祖堂制度的延續有何等意義。

1. 《基本法》第40條的意義

於1984年12月19日，中英兩國政府就香港前途經過多輪談判後，在北京正式簽署了關於香港回歸問題的《中英聯合聲明》，作出香港將於1997年7月1日回歸中國的聲明，同時解決了港九地區與新界地區的前途問題。當中，為保持香港在主權移交時的穩定，《聯合聲明》第三段清楚載明了中國對香港的基本方針政策，包括：

> 「香港原有的社會、經濟制度不變；生活方式不變……依法保障……各項權利和自由。私人財產、企業所有權、合法繼承權以及外來投資均受法律保護……上述基本方針的具體說明……以中華人民共和國香港特別行政區基本法規定之，並在五十年內不變。」

而對於新界原居民的土地契約問題，在《聯合聲明》附件三中亦有特別載明：

> 「……已由香港英國政府批出的1997年6月30日以前滿期而沒有續期權利的土地契約，如承租人願意，均可續期到不超過2047年6月30日，不補地價……舊批約地段、鄉村屋地、丁屋地和類似的農村土地，如該土地在1984年6月30日的承租人，或在該日以後批出的丁屋地的承租人，其父系為1898年在香港的原有鄉村居民，只要該土地的承租人仍為該人或其合法父系繼承人，租金將維持不變。」

事實上，土地權益問題一直是新界鄉民最關注的問題。新界土地的特殊性乃有著其特別的歷史因由。在經過百年殖

民地統治後回歸中國，究竟鄉民的土地權益與傳統習俗能否延續是他們所關心、重視的最大問題。

由於新界地區乃經《界址專條》租借予英國，為期99年後交還給中國。我們知道，新界土地業權在1898年之前本屬「永業權」，後來經港英政府以行政手段把這些永久擁有的土地業權轉為「承租權」。當租借期完結後，土地業權人亦理當恢復原有的永業權和對土地的使用、發展權。《聯合聲明》中的規定確保了這些土地均可續期50年而不需補地價，舊批土地、鄉村屋地等亦只需每年交納相當於土地應課差餉值3%的租金。以上的條文不但保障了新界原居民自身的土地權益，對於新界祖堂的延續也有重大意義。祖堂的土地產業能為族內的祭祖、修祠等傳統活動提供資金來源，亦為族人提供助學、婚葬嫁娶等公益性津貼，有團結聚族之效。因此，這些土地財產對於新界氏族、祖堂來說，是他們賴以傳承的基礎，甚至有學者認為「沒有祀產，宗族宗支即不存在」。[163]總括來說，《聯合聲明》是對新界鄉民的土地權益和生活方式的保障，亦同樣是對新界祖堂延續和氏族承傳的重要保障。

其後，《香港特別行政區基本法》終於在1990年4月4日經全國人民代表大會通過，並在1997年7月1日香港回歸時正式生效。其中第40條載：

> 「"新界"原居民的合法傳統權益受香港特別行政區的保護。」

隨著《界址專條》的租期結束，這份條約中保障新界居民之權益的內容也將於1997年的6月30日失效，新界原居民的傳統權益少不免受到衝擊與挑戰。這是因為，《界址專條》中的條約義務，是新界鄉民得以爭取其應有權益的重要

---

163 譚思敏，《香港新界侯族的建構》（香港：中華書局(香港)有限公司，2012），頁8。

理據。例如在1977年，鄉議局曾就政府土地政策的問題，委託了三位御用大律師撰寫了一份《共同意見書》（Joint Opinion）上書英國，訴說港府土地政策不合理地侵佔新界業權人的土地權益之觀點。《意見書》多番引用《界址專條》中「在所展界內，不可將居民迫令遷移，產業入官，若因修建衙署、築造炮臺等，官工需用地段，皆應從公給價」的內容，理據兼備，英方認為《意見書》的觀點清晰而有力，更責成港府盡快做出檢討以調解糾紛。隨後，港府於1997年11月便成立了由簡悅強爵士率領的「土地賠償工作小組」（The Working Group on New Territories Urban Land Acquisitions），檢視新界的土地政策問題。

因此，《基本法》第40條可被視為繼承了《界址專條》中保障新界居民權益之精神。《基本法》是香港的憲制性法律，第40條的訂立代表著新界原居民的歷史性合法傳統權益，特別是關乎土地問題和由此而延伸的權益將受到政府的保護，這亦代表著國家對新界原居民身份和傳統的認同。

至於原居民的合法傳統權益的具體含義，時任新界鄉議局主席劉皇發在1986年的基本法起草委員會上發言時曾指出，其當包括新界原居民在政治、經濟、民生及傳統生活方式等各方面的權益。當中有不少權益都有著香港法律或政策所保護，例如《新界條例》、《差餉條例》等等。其中，祖堂制度中的承繼問題雖然沒有被寫進法律條文中，一直以來皆按照新界傳統習俗處理，但這些在歷史背景下誕生和傳承下來的傳統習俗及權益，亦需要受到保護。1986年，由基本法諮詢委員會召開的新界原居民權益研討會中亦確認，「祖嘗、廟產，慈善機構；教育機構，社會團體財產物產，只須辦理登記手續，仍由原機構管理」。因此，《基本法》第40條亦為祖堂提供了憲法保護，對其延續有奠定性的意義。

2. 《新界條例》的修訂

在「九七回歸」前後，為配合《中英聯合聲明》條約與《基本法》在1997年的落實，香港有許多法例都需要進行修訂，其中便包括《新界條例》。在條例中，與祖堂有關的主要有兩項條文，即第13條以及第15條。

《新界條例》第13條主要規定的是，香港法庭於任何有關新界土地的法律程序中，有權認可並執行相關的中國習俗與傳統權益。有如財產的繼承方法就是中國重要傳統習俗之一，箇中內涵，可參考「上篇第三章：宗祧、分房與財產繼承」。誠然，隨著社會的進步與發展，新界地區的一些風土習俗亦需隨之轉變。其中，又以傳統婚姻和遺產繼承權為最大之轉變。例如於1970年，政府便修例廢除中國傳統婚姻的習俗（由宗法制度引申的一夫一妻多妾制）。1972年，政府實施《領養條例》，規範了「過繼」這種傳統習俗的運作。1986年，政府又成立了「新界條例工作小組」（The Working Group on New Territories Ordianance），檢視《新界條例》中對於中國傳統習俗所引申的土地問題和繼承問題，極具參考價值。工作小組的報告中提及到，新界約有6000個祖、堂並合共持有約2790公頃的土地，而絕大部分的新界鄉民都認為，這些祖堂土地應該繼續以中國傳統習俗的方法去處理有關問題。因此，工作小組亦對此作出建議，認為政府應對《新界條例》予以保留，但建議每個祖堂應各自訂立內部的運作規條，以減少土地、繼承問題所引致的爭執。

誠然，隨著鄉郊城市化的步伐以及市區人口的湧入，新界不再是只有原居民居住的鄉村社區。因此，就新界土地產業的繼承問題，港府在1994年對《遺囑條例》、《無遺囑遺產法》及《財產繼承條例》等法例作出重大修訂，並適用於新界土地之上。《新界條例》第13條亦隨即作出修訂：

　　「……"法律程序"不包括就《遺囑認證及遺產
管理條例》、《無遺囑者遺產條例》或《財產繼承(
供養遺屬及受養人)條例》而進行的法律程序或與該
等條例有關的法律程序。」

指出在以上的法律程序中，法庭並沒有必要認可並執行中國
習俗或傳統權益。同年，《新界土地（豁免）條例》正式生
效，大範圍豁免新界土地受《新界條例》第13條的規管，由
男性原居民繼承私人財產的傳統被取締。自此，新界私人土
地的中國傳統繼承法基本上不再有效，只承認香港法律，男
女性原居民享有平等繼承私人財產的權利。港府通過這一系
列的修例，處理了新界土地和住宅產權的繼承問題。惟祖堂
土地與私人土地的性質並不相同。在《新界土地（豁免）條
例》第5條中亦明確指出本條例：

　　「……不適用於以任何宗族、家族或堂名義
按《新界條例》第15條所描述的方式持有的新界土
地。」

　　「……《遺囑認證及遺產管理條例》、《無遺
囑者遺產條例》及《財產繼承(供養遺屬及受養人)
條例》均不適用於涉及或有關於以任何宗族、家族
或堂名義持有的新界土地的法律程序。」

　　在這種情況下，祖堂產業之繼承方法將繼續以中國傳統
風俗習慣的原則所處理，不受修例影響。雖知祖堂的成員資
格與譜牒觀念息息相關，若政府草率地以立法手段廢除祖堂
的傳統繼承方法，最終只會使祖堂公產落入外姓人手中，宗
族社會的結構更會因此而受到嚴重影響，甚至瓦解。

　　因此，祖堂這種中國傳統的氏族公產擁有形式，在其

他傳統習俗如死後過繼、納妾制度等都一一敵不住時代變遷而遭替代之下，仍能存在於香港這個國際大都市之中。話雖如此，傳統絕非一成不變，而是隨著時代變遷而變化。面對傳統文化，不應全面否定它們，而是以「取其精華，去其糟粕」和尊重之態度去檢視，找出每個傳統文化中的核心理念並予以保存、推廣。因此，香港才能成為一個既為西方化的國際大都會，亦為一個保留許多優秀中華傳統文化和美德之社會。

第十一章 新界氏族社會、祖堂 的組成及管理方式

1.新界氏族的組成與分佈

香港通識教育中，香港的四大民系和五大氏族及他們遷移至香港的原因和對香港發展的影響是每個中學生必讀的內容。一般認為，新界五大氏族指的是錦田鄧氏、新田文氏、上水廖氏、上水侯氏及粉嶺彭氏。[164]他們佔據了新界大部分的土地。

錦田鄧氏

北宋初年入錦田的鄧氏，被認為是新界五大族之首，族譜中記載，唐朝江西吉安承務郎鄧漢黻遷至廣府。宋太祖天寶六年973年，鄧漢黻樂粵俗之淳，卜居岑田，即今之錦田，為新界錦田鄧氏開基祖。現認為鄧氏後人遷居自此後又分為五房，其中三房鄧元禎居於屏山，四房鄧元亮居於錦田，後來又相繼開枝散葉，這一房還開墾了廈村、龍躍頭、大埔頭。現鄧氏聚族地還保留著許多古跡。如屏山聚星樓、廈村鄧氏宗祠、大埔敬羅家塾等。

---

164 根據蕭國建的研究，新界的氏族組成是很豐富的，不僅僅只有五大氏族。

新田文氏

祖籍為江西吉安。據稱南宋因逃避元朝戰亂移居至東莞。香港文氏均為文天祥兄弟文天瑞一支。其開基祖為五世孫文蔭遷至大埔泰亨利村；七世孫文世歌遷至新田立村，分佈於仁壽圍、石湖圍、東鎮圍、安龍村、永平村、蕃田村、新龍村、青龍村和洲頭村等九條村落。此外，亦有族人聚居於壆圍及大嶼山沙螺灣等地。目前人數5000左右。另外，文族亦為太和市（即現今所稱的大埔墟）的創建宗族之一。其新田古跡大夫第被認為是香港現存最華麗的中國傳統建築。

上水廖氏

原籍福建永定。現上水有三大房，建有圍內村、門口村、莆上村、大元村、中心村、上北村、下北村、興仁村及文閣村等九條村落，第四房於沙田烏溪沙禾沙村。目前，人數共4000餘人。相傳此地原是簡氏宗族所有，後簡氏遷至松柏塱。由於上水毗鄰新安縣城，故此地一直為貨物流通的主要商業市場，農貿市場等。廖氏家族積累了大量的財富。現存古跡廖萬石堂。

上水侯氏

原籍廣東番禺，先祖追溯為北宋進士侯五郎，始祖為其六世孫侯卓峯，又稱為河上鄉侯族。侯族在上水一帶人數近2000人，聚居地集中在上水西部。侯族為上水最早發跡的大族，曾於上水建立隔圳墟和天崗墟兩個墟市。1908年，港英政府及香港哥爾夫球會開始與侯族為首的村民進行談判，最終得到村民同意於金錢村與丙崗村之間的侯氏祖墳山地一帶興建粉嶺哥爾夫球場。現於河上鄉保存有居石侯公祠。

粉嶺彭氏

原籍江西宜春，始祖於南宋遷居粉嶺龍躍頭，後又移居粉嶺樓一帶。其族人開墾了粉嶺圍，建立正圍、北邊村及南邊村。亦有族人定居蕉徑彭屋、上水掃管埔村及大埔汀角村

等地。目前人數約4000人。1940年代末，彭族聯合沙頭角、打鼓嶺和大埔一帶的村落於粉嶺樓東北面建立現代墟市聯和墟。

　　除了這五大氏族之外，自宋代以來，還有若干遷居新界的不同氏族。比如北宋遷居九龍之林氏，遷居新田的陶氏；元代之吳氏；明代之胡氏、徐氏、袁氏、陳氏、黎氏以及謝氏、溫氏；清代遷居至新界各地的宗族就更多了，根據蕭國建《香港古代史》所列，接近30個不同姓氏此時遷至香港，包括新界地區。

圖 34：祖堂族產的所有權

新界氏族簡表（部份）

新界氏族	始祖	世代	開基祖	地點	遷入年份	資料來源
錦田鄧氏	曼	商以後一百一十二世	鄧漢黻	錦田鄉	宋開寶年間	《錦田鄧氏族譜》
新田文氏	文時	南宋以後二十八世	文世歌	新田鄉	明朝初年	《新田鄉文氏族譜》
上水廖氏	廖叔安	夏以後一百一十九世	廖仲傑	上水鄉	元朝末年	《上水鄉廖氏族譜武威堂》
上水侯氏	侯五郎	宋以後三十一世	侯卓峯	上水河上鄉	明朝年間	《香港新界侯氏族譜》
屯門劉氏	劉開七	南宋以後二十三世	劉夢科	屯門龍鼓灘	清乾隆年間	《龍鼓灘劉氏族譜》
廈村鄧氏	曼	商以後一百二十八世	鄧洪贄鄧洪興鄧洪惠	廈村	明洪武年間	《廈村鄉洪惠房子厚宗派系鄧氏族譜》
屯門何氏	何大乙郎	唐以後三十三世	何阿合	屯門良田村	清咸豐至光緒年間	《良田簡錄》
元朗林氏	林大發	宋以後六世	林行可	橫洲林屋村		《林氏世代宗譜》
元朗蔡氏	蔡叔度	周以後一百零六世	蔡情山	十八鄉蔡屋村	明弘冶年間	《河南世系元朗十八鄉蔡屋村蔡氏族譜》
沙頭角葉氏	沈諸梁	春秋以來一百一十五世	葉思發	沙頭角蓮麻坑	清康熙年間	《沙頭角蓮麻坑葉氏族譜》
西貢吳氏	吳居厚	宋以後二十九世				《將軍澳村吳氏族譜資料》
荃灣傅氏	傅大四郎	明以後十八世	傅昌榮	荃灣清快塘	清	《香港清快塘傅氏族譜》
荃灣楊氏	楊紹金	清以下十世	楊紹金		清乾隆年間	《荃灣楊屋村楊紹金祖族譜》

2. 祖堂數目與以祖堂名義擁有的土地

根據政府資料，目前特區政府共承認約7300個祖堂。而《新界條例》第15條列明，所有以祖堂名義所持有之土地，需由該祖堂委任一名或以上的司理人，並向當區民政事務處申請呈報，則這些土地會被視為宗族公產而非一般私人土地。據政府資料，新界祖堂的註冊司理數目約有13000名。當然，所註冊的司理只是祖堂土地在法律上的管理人，而並非唯一擁有人，祖堂的土地財產仍由該祖堂成員所共同擁有。

新界祖堂是新界私人土地的最大持份者之一。根據政府資料，新界祖堂持有約6000英畝，即約2400公頃的土地。須知族田在清末民初時是一種極為流行的土地持有方式，尤其在珠江三角洲地區，族田的設立十分常見。在一份民國時期的土地調查報告中，記載當時廣東寶安縣（即新安縣除去新界租借地的剩餘部分）約有三成的耕地為宗族所持有。這也與1905年集體官批的土地登記清單（Schedule of Crown Lessees）互相印證。根據資料，在位於屯門的131丈量分區中，絕大部分的土地業權人都是以祖堂名義登記，在400個地段中甚至有近一半的地段為祖堂地。時至今天，新界地區中仍有為數不少的祖堂土地承傳了下來。例如我們曾以洪水橋新發展區作為研究對象，統計發展區內的祖堂土地分佈和面積，結果顯示區內約有13%的土地為祖堂所擁有，佔地約100公頃。

3. 新界祖堂的管理方式

有關祖堂——這個在中國傳統宗族文化之下所誕生的氏族經濟共同體，其歷史基礎與文化內涵已於「上篇：中國宗

族制度」的各篇章中有詳細的論述，下文主要探討祖堂制度在香港新界地區以及在21世紀的現代社會中，有著怎樣的運作和管理模式。

3.1 祖堂特質與成員

　　從現代的法律觀念來看，祖堂是一個富有中國傳統特色的信託組織。但它卻非西方普通法下的信託組織，雖表面有所類似，然而實質上是一個中國傳統的氏族經濟共同體。雖然帶有某程度的慈善性質，但其核心利益是維繫整個氏族的可持續發展為前提的。祖堂均擁有族產，主要為土地等不動產形式的財產，又稱「祖堂地」或「阿公地」。族產原則上不可轉賣，其收益主要是用作祭祀共同祖先之用，或資助和補貼有血緣關係的同姓同宗族人士。

　　一般來說，置產者以祖宗或個人名義設立祖堂並以此登記田產，則該開基祖的男性直系子裔均為該祖堂的成員。子裔自一出生，或在祠堂「點燈」後，便自動獲得成員資格，有權分享祖堂產業的利益，直至死亡後便自動終止，不可轉讓或繼承。祖堂族產的所有權原則上屬於祖堂本身，祖堂在世成員只有族產的使用權與受益權，更不得私自分割族產。因此，祖堂在世成員既是該氏族經濟共同體的法律上利益持份者（Interest Holder）或事實上擁有人（De Facto Owner），亦是受益人（Beneficiary）。

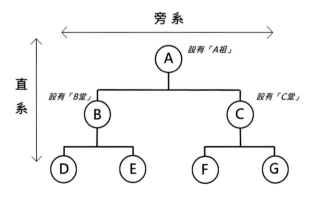

圖 34：祖堂族產的所有權

　　以上圖作例子說明，（一）該宗族分別以A，B和C的名義設立了三個祖堂：「A祖」、「B堂」和「C堂」。（二）D，E與F，G雖互相為堂兄弟、旁支關係，但分別屬「B堂」與「C堂」，無權分享對方祖堂之利益；而他們均屬於A的直系子裔，是「A祖」的成員，有權分享「A祖」的利益。（三）若D在未來添丁進口，其兒子則自動成為「A祖」與「B堂」的成員，有權分享其利益。如此類推，就是祖堂成員資格與承傳的方法。新界祖堂制度早在數百年前已存在，因此，在一些家族繁衍、歷史悠久的宗族入面，族人同時作為數個「祖」或「堂」的成員不足為奇。

　　由此亦能得知，祖堂是維繫氏族傳承的一個經濟共同體，可以說是一個財團法人（Foundation），但成員不得分割族產，原則上只有使用權和收益權而沒有所有權；亦可以說是一個信託（Trust），但成員資格不斷更新，且受益權的承傳永續不斷，世世代代留給子裔享有。然而，祖堂族產的觀念卻沒有被現代社會正確地認識，而經常遭到誤解。

3.2 族產的用途與意義

　　祖堂土地產業別稱為「蒸嘗」。顧名思義，即以租息所得應付家族春秋二祭、牲禮供品、修築祠堂以及燈油火蠟等長期支出。新界祖堂在祭祀方面的開支尤為巨大，一年甚至需花費數十萬。另一方面，收入亦能用作助學、濟貧、喪葬、助婚或其他族內公益用途。若有餘，有祖堂會簡單地將花息按房或按人分發給族人，亦有祖堂會將盈餘儲起用作祖堂發展之用途如添置族產，使這些宗族產業能順利延續下去。雖然每個祖堂有各自的規矩，但大體上仍遵從以上原則。有關族產收入分配的詳細內容，可參閱「上篇第10章：族產的用途與分配」。因此，祖堂收入的用途十分廣泛，基本上所有祖堂成員都能享有其利益。

　　族眾子孫受到祖先的餘蔭，孤寡鰥獨皆得到宗族的照顧，自然會對宗族產生依附和感激之情。亦可以說，祖堂產

業的意義在於維持氏族之承傳與未來的發展。在過去，宗族都嚴格規定族產不得輕易典賣，原則上不可分割，目的便是為了維持氏族的團結與可持續發展，防止子孫肆意分家賣地、坐食山空。當然，當氏族在有特定緊急需要，如籌錢修建祠堂、建校等，或對氏族未來發展有益的理由之下，並經大多數族人同意，是可以出售族產以籌備資金。但有很多人都有種錯覺，認為祖堂地、阿公地是永久保留，不能買賣。若從祖堂的歷史原因去看是對的，因為過往在以農耕為主的農村社會，土地是一個重要的生產資源，是經濟收入的主要來源。所以歷來官府均確保祖堂土地不能輕易出賣、分割或侵佔，以保證該氏族經濟共同體的可持續發展。<u>惟在今天的新界，農村經濟經已式微。因此，如何合理地運用祖堂地作新時代下的一種新的經濟收益來源，更有實質的需要。實際上，只要在不損害氏族可持續發展的前提下，祖堂土地理應有更靈活和合理的運用，才能真正有效地維持氏族的團結、傳承與發展。</u>

3.3 司理委任與權責

　　祖堂所擁有的土地財產，自然要配上良好的管理模式，方能產生利益以維持各種開支和津貼族人。在過去，宗族組織都會設「莊正」、「宗使」或以族人輪流出任管理人的方式以管理族產（詳見「上篇第四章：族產的管理與經營」），並主要以租佃（或稱出租）土地之方式經營。在今天的新界，祖堂產業亦受到政府規範，制定每個祖堂必須委派一名或以上的「司理」（Manager）作為管理人，並向民政事務處的祖堂登記處遞交申請。至於選任司理的形式，基本上每個祖堂都有各自的規矩，但都多遵從選「殷實公正」的子弟或各房輪流擔任之原則，負責處理收租、會計、召開族人大會、官方收地等的事務。根據香港現行法例，祖堂的司理有以下權利並須承擔下列責任：

「（一）司理在發出訂明的通知後，並在經民政事務局局長同意下，即有全權將（其祖堂持有的）土地予以處置或以任何方法處理，猶如他是該土地的唯一擁有人一樣；」

「（二）須為（其祖堂持有的）土地的所有租金及收費的繳付，以及所有契諾和條件的遵守負上個人法律責任；」

「（三）每份與（祖堂所持有的）土地有關的文書，如由該土地的註冊司理在民政事務局局長面前簽立或簽署，並經民政事務局局長簽署見證，即就所有目的而言，均屬有效，猶如該份文書是由該（祖堂）全體成員簽立或簽署一樣。」

由此可以得知，祖堂的管理方式受到限制。在現行政府的行政機制之下，無論是轉售土地，抑或是委任司理，除了按傳統由祖堂作內部商討外，更需經由民政事務處的專員去協助處理有關手續。一般而言，執事專員在收到司理委任或轉售土地的申請後，經審視有關文件（如祖堂會議記錄等）後便會就事件發出通告。通告會張貼於有關祖堂的鄉村，一般為期30日。若通告限期前沒有受到該祖堂成員的反對，申請便會獲批准。可見即便出任祖堂之司理，亦並非有全面管理祖堂的權力，只是作為祖堂的「代理人」去代表祖堂與政府處理這些事務。此機制的目的在於防止祖堂司理濫權，隨意作出一些未經祖堂內部開會討論的決策，確保每一個祖堂成員都有議事的資格。

這種行政的規範本應是對新界祖堂有好處，使祖堂能更受到香港法律的保障，然而，實際運作時卻遇上不少困難，以致經常發生新界各祖堂與執事專員兩方都較難協調與處理的案件，反而阻礙祖堂的運作。其主要原因是，在一些人丁

興旺的祖堂，要取得一致共識並不容易，司理委任與土地轉售的申請經常收到極少數祖堂成員的反對。實際上，民政專員此時理應積極協調處理。但很多時候，當專員遇到反對意見，往往將個案完全擱置，既不積極安排爭議各方會面，甚至連反對者的姓名和理由亦不披露，令各種申請陷入無限期停頓。曾經有一個例子，錦田某個祖堂的司理委任申請，因受到少數反對者的阻撓而超過十年沒有司理，負責的民政專員聲稱受規條限制，無法處理；而這個懸空司理的祖堂在被政府官方收地時，甚至不能領取收地賠償，由政府部門強行「代為保管」。

　　其實，問題之癥結在於政府與民政專員對傳統文化的不了解，以致他們在祖堂事務上往往因循守舊。若按照過往的傳統，祖堂都有各自內部的規矩（詳見「上篇：族產」），司理亦是按照宗族、祖堂內部訂立的規矩按律辦事，有些祖堂甚至特意指明司理有全面管理嘗產的權力，一般祖堂成員甚至尊長都不能侵擾干預，以提高祖堂的運作效率。當然，若司理人有欺騙行為自然是送官究治。惟今天，香港政府為了行政的便利，將一套死板的機制硬加於每一個新界祖堂身上，自然會出現問題；而執事專員則有權但無魄力，遇到癥結只敢墨守成規，打算「一本通書看到老」，而不是考慮每個祖堂是否有自己的傳統議事、決策方法。更甚者，政府部門之間把問題互相推搪，嚴重窒礙祖堂的正常運作。一個政策的細節若不合民情，按理自然需要修改，否則便會很容易淪為惡法。

第十二章 中西交匯對祖堂產業
政策的影響

1.香港特區政府的土地發展政策對新界祖堂產業的影響

　　在過往及現今香港的發展進程當中，土地資源一直是執政者所關注的重點議題。新界地區作為香港最大的土地來源，總面積達975平方公里，佔香港陸地總面積近九成。從英殖年代新界成為租借地起，一直到近50年來陸續發展的新市鎮計劃，新界的土地一直為香港社會、經濟整體的發展提供了堅實的基礎。而新界祖堂地作為新界土地其中的最大持份者之一，與香港的土地發展過程更是有著密不可分的關係。在六、七十年代，香港面臨著人口及經濟轉型的龐大壓力。發展需要土地，但基於港九市區的用地十分有限，土地供應的問題越趨嚴峻。在1972年，當時的香港總督麥理浩推出「十年建屋計劃」，興建大量的公共房屋，並以新市鎮計劃作配合，包括荃灣、沙田和屯門三地。其後，政府陸續發展新市鎮，包括大埔、元朗、粉嶺和上水、將軍澳、天水圍和東涌，總共九個新市鎮，全數皆位於新界。可以說，新市鎮計劃十分成功地緩解了市區的人口壓力。目前，新界地區的總人口已超過了300萬，佔香港總人口近一半。

　　現今的新界，基本上仍維持著鄉郊社會的面貌。雖然有不少地區已發展成新的都市城鎮，不過仍然有許多傳統的鄉村延續下來。作為中國宗族制度的核心之一，「祖堂」制度得以

在新界保存下來，表現出中華文化的傳承，實屬寶貴。祖堂的土地產業亦是維持傳統宗族文化的最重要載體，任何奪取或減除祖堂土地的行為，都會嚴重地損害氏族可持續發展的空間，更有機會破壞氏族社會的結構。遺憾的是，新界祖堂土地的特殊性往往遭到忽略，不受重視，甚至受到不公平的對待。隨著香港政府大力發展新界的土地政策，在鄉郊都市化的過程中，新界的祖堂產業少不免遭到或多或少的影響。

　　從「上篇第六章：歷代政府對族產的政策」和「上篇第十三章：清代對宗族制度的打擊和批判」可以得知，祖堂這種由宗族制度而衍生出的氏族經濟共同體，很大程度上依賴著政府政策的扶持才能有效地發展和延續。惟今天香港特區政府對祖堂制度的政策，卻是打擊多於扶持。最明顯的打擊就是政府的官方收地行為。

　　在過往數十年發展新界期間，新界許多祖堂地都被徵收作新市鎮發展，用以興建樓房、道路、車站等，成為了造福社會公眾的資源。但我們知道，若果祖堂土地被收去，祖堂失去經濟基礎後便有很可能瓦解。需知族產是維持氏族社會的最重要載體，土地對於祖堂來說，是氏族發展與賴以承傳的基礎，甚至有人類學學者認為「沒有祀產，宗族宗支即不存在」。然而，政府在徵收私人土地時，並不理會土地的業權人是誰，是否屬於祖堂擁有。在《收回土地條例》所賦予政府的絕對權力之下，被徵收者基本上無法反對有關的強制性收地行為。取最近的例子來說，從香港政府在2010年開展的洪水橋新發展區計劃可知，新發展區藍圖所涵蓋的土地有近八成坐落在新界六大鄉之一——廈村鄉的範圍內。若政府以一刀切形式全面收回發展區內的土地，位於廈村鄉的祖堂絕大部分所擁有的土地亦將被徵收（現時已有少量祖堂土地被政府徵收作道路工程用途）。從過往歷朝歷代的例子都可知，失去土地的宗族組織，不出數代即便消亡。簡而言之，宗族的開支如祭祖，修祠等活動花費龐大，乃需要祖堂產業

的收入來支持，這甚至延伸至助學、濟貧、喪葬、助婚或其他族內公益用途；而祖堂成員受到宗族的庇護和照顧，自然對宗族社群更有歸屬感。若一個宗族失去族產，以上所述的功能都將無法繼續進行，亦難以有效聚集人心，團結族人。一些中國傳統文化，如打醮，都會因缺乏經費而消失。就算祖堂僥倖存活，其可持續發展空間都會受到嚴重的打擊。

官方收地的賠償

　　雖然被徵收土地的祖堂能得到一筆金錢補償，但補償的金額很多時卻不能買回同等價值的土地。加上法例的限制，祖堂理論上只能持有「土地」類型的資產，其他類型的資產如股票、債券等均不被涵蓋於新界條例之中。而以祖堂名義註冊的土地亦只能位於「新界」，位於新界之外（如香港島、九龍半島）的土地同樣不被新界條例所認可。隨著政府的強制性徵收祖堂土地，祖堂土地產業的收入自然逐漸減少。假以時日，這些祖堂連日常的基本開支都難以為繼，遑論作出任何發展。

　　根據香港法例第124章《收回土地條例》所指，政府可根據該法例收回新界私人土地作公共用途（Public Purpose），而「發展新市鎮」亦往往被認為是一個合理的公共用途。此為香港政府多次引用此例在新界大規模收地鋪路。但從「第二章：祖堂的沿革」一章可以得知，新界地區是根據1898年《界址》所租借予英國，條約中清楚表示：

> 「在所展界內，不可將居民迫令遷移，為業入官，若因修建衙署、築造炮臺等，官工需用地段，皆應從公給價。」

　　在法律方面，《基本法》第40條清楚表明：「新界原居民的合法傳統權益受香港特別行政區的保護」。而在香港法律97章《新界條例》第13條中，「任何有關新界土地的法

律程序當中，法庭有權確認並執行任何影響新界土地的中國習俗或傳統權益」，顯示出對新界祖堂制度的承認。祖堂制度在新界存在了數百年，這個傳統以及由此而延伸的土地權益，理應受到特區政府的保護。

　　回顧過往新界新市鎮的發展過程，不難令人們發覺到政府以《收回土地條例》全面回收土地之後，又將很大部分土地以競投、招標等形式，高價轉售給私人發展商作私人發展用途，賺取其中利潤。而在這些新市鎮計劃當中，大量的新界私人土地被劃入發展區藍圖當中，但藍圖的規劃又過於硬性，往往忽略了藍圖邊緣的利益。新界的祖堂土地多、廣，但比較散，一些零散的祖堂地遭到荒廢變成垃圾場，無法作有效益的發展。在收地賠償方面，特區政府的政策亦做不到持平、公正的原則，忽略土地的潛在發展權力，以低於市價的金額徵收土地。這些行為實際上對土地業權人的產權造成不合理的侵害，更令新界祖堂的財產蒙受打擊。

圖36：2015年，新界錦田鄉所籌備的酬恩建醮，為期六日。醮會據稱始於1685年，每十年一屆，至今已是第三十三屆。該屆醮會耗費逾千萬元，全數由錦田鄧氏的祖堂支出，其規模之盛大，全港鮮見。

2.英國普通法下的信託安排與新界傳統祖堂制度的差異

　　與中國傳統習慣法相比，英國的普通法在香港出現的時間較為短暫，但在殖民政府的有意推行之下，迅速成為了香港主流的法律。雖然，祖堂制度等中國傳統文化並沒有被普通法所完全排斥，正如《新界條例》第15條便是祖堂的立法依據。不過，祖堂這一中國特有的傳統社會組織，不但在英國的法律中沒有包涵，在港英時代的香港本地立法亦沒有被正確理解。隨著時間的推移，祖堂制度雖然仍存在於新界地區之中，但亦無可避免地遭受到一些曲解和挑戰。

　　從現時的法律條文上看，《新界條例》第13條中列明：

> 「……在原訟法庭或區域法院所進行的任何有
> 關新界土地的法律程序中，法庭有權認可並執行任
> 何影響新界土地的中國習俗或傳統權益……」

因此，法庭在處理指定的新界土地的法律程序時，需要執行中國習慣法。這表示有關祖堂地的所有權、使用權、繼承權等法律問題，香港法庭都要考慮中國傳統習俗和習慣法。所指傳統中國的習慣法，亦即是英國在1843年佔領並管治香港時候，香港本地所行的各種法律和習俗。因此，時至今天，《大清律例》作為當時大清國的全國性法律，其條文仍然於香港新界地區的一些土地問題上適用。

　　從前文的敘述可以得知，祖堂制度是屬於傳統中國社會的一種氏族經濟共同體的概念。按照傳統，祖堂持有的土地及產業均屬於氏族的共有財產。但香港法官在看待宗族財產時，多將普通法中的《信託法》之一部分套用在祖堂之上，把祖堂以集體信託來理解，以致產生不少法律觀念上衝突。其中最值得注意的是，普通法信託規則中有「反永續規則」（Rule against Perpetuities）的限制，但祖堂的財產卻是代

代相傳的永續家業。祖堂所持有財產在永久性這一點上，與西方普通法的信託安排產生了差異。因此，在《新界條例》第13條和第15條之下，祖堂財產這種「集體信託」能不能被視為有效，很大程度上便視乎香港法庭如何理解、實踐該法例。

我們可以從香港法庭過去的有關案例，分析香港法官在處理宗族財產問題上的觀點與態度。在這些案例當中，法官就相關的中國傳統法律和習慣都有作細緻的討論。但從整體的判決來看，法庭還是將祖堂管理的財產視為信託，以普通法的框架和角度去解釋相關問題。

第一宗案例是1970年的鄧氏案例，案中主要涉及屏山鄧輯五祖的幾位族人有關族產用途分配的爭執。[165][166]案情簡單來說，原告屬於鄧輯五祖六房人其中一房的後代，認為其中四個「強房」經常對包括原告在內的兩個「弱房」進行欺壓，不公平地侵佔祖堂的收入，因此要求將族產按房分割出來。該案的重要之處在於，原告律師認為祖堂財產有違普通法下信託法的「反永續規則」，並認為《新界條例》13條中，有關法庭執行中國習慣法的條文是任意而非強制執行的。在這一點上，法庭的裁決便至關重要。當時的專家證人鍾逸傑爵士（Sir Akers-Jones）提出了「分割族產有違傳統」、「更會破壞新界的氏族社會模式」等觀點，得到法官接納。最終，主審法官（Mills Owens, J.）指出「在有關新界祖堂的案件上，法庭必須承認並執行中國習俗和傳統權益」。因此，「反永續規則」不適用於祖堂。法官進一步指出「祖堂與宗族社會相互相成，破壞祖堂即破壞宗族社會結構」，《新界條例》第十三條在新界祖堂問題上亦凌駕於《信託法》、《分劃條例》等西方法律條文和觀念，加上其他證供的支持下，駁回起訴。

---

165 See Tang Kai-chung and another v. Tang Chik-Shang and Others (18/04/1970, HCA2071/1996)

在這宗案例上，雖然法庭仍以集體信託的西方觀念來理解祖堂財產，但中國傳統習慣法中的「族產不可私自分割」等的原則仍然適用於新界祖堂之上。

然而，1984年的葉氏案例指出了另外一個重點。這宗案件是有關一名廣州香山吉大村葉氏族人葉顧之，光緒年間購置了港島中環的三片物業，並設立了兩個堂分別擁有並管理之，一以維持葉氏祖宗的祭祀，二以促進吉大村的鄉村公益，是一個典型的祭祀和贍族型族產。然而，法庭最後的判決卻是裁定這個族產不具備慈善性質，因此抵觸了「反永續規則」，兩堂擁有的物業應根據《信託法》分別歸還給財產授予人。這是因為，祖堂這種傳統中國制度和習俗，基本上是沒有收編到港英殖民地法律體系之內的──《新界條例》不就有涵蓋祖堂制度嗎？本案與鄧氏案例最大的不同之處，在於本案葉氏族人所擁有的土地物業，乃位於港島區而不是新界，即葉氏兩堂無法以《新界條例》第13條將物業豁免於《信託法》之外，永久運行該信託。

這宗案例顯示，若果香港法庭將英國的《信託法》硬套於中國傳統的祖堂制度上，祖堂基本上不能被視作慈善信託組織，亦不具法人身份地位，因此屬不合法。除非，祖堂所擁有的土地位於新界範圍。這進一步顯示出新界祖堂的特殊性。總括而言，正如前文所述，「祖堂是維繫氏族傳承的一個經濟共同體，可以說是類似一個財團法人（Foundation），但族產的所有權原則上屬於祖堂本身，祖堂在世成員只有族產的使用權與受益權，更不得私自分割族產。祖堂在世成員既是該氏族經濟共同體的法律上利益持份者（Interest Holder）或事實上擁有人（De Facto Owner），亦是受益人（Beneficiary）；因此祖堂亦可以說類似一個信託（Trust），但成員資格不斷更新，且受益權的承傳永續不斷，世世代代留給子裔享有」。

3. 新界祖堂面臨的危機與挑戰

　　如前兩章所講述，包括香港政府土地政策對祖堂的影響，和祖堂制度在普通法和中國習慣法下的差異，正正就是新界祖堂現時所面臨的危機與挑戰。在法律方面，新界的祖堂制度今天雖受到《基本法》第40條及《新界條例》第13條的保護，但當中亦有含糊、不全面的地方。尤其是法官對於中國傳統和習俗的不理解，有可能使到法庭在判決時有失妥當。這些判決甚至會影響到政府官員在處理祖堂有關事務上的行事準則，從而影響祖堂的日常運作，可謂影響深遠。

　　其實，今天新界祖堂所面對的危機，很大程度上出於社會、政府對傳統宗族文化的不了解。前文多番提及到的，政府部門對新界祖堂的一些不合時宜的規管所造成的種種障礙，亦是由此而來。而由於這些障礙，導致許多新界祖堂的土地遭到凍結，無法作出有效發展，嚴重影響祖堂的發展。從前文可得知，新界祖堂的管理方式受《新界條例》第15條所限制，無論是轉售土地，抑或是改任司理，都需要經由各區民政事務處有關部門去處理。惟執事專員欠缺對新界祖堂傳統制度的了解，或錯誤理解和參照舊有案例和法律意見。須知在處理新界祖堂問題的關鍵，首要是對祖堂歷史承傳和初心的理解。而法律的制定和執行應該是完善和配合祖堂的發展和歷史承傳，而不是製造麻煩，窒礙其可持續發展的空間。因此，因循守舊，一味以單一死板、不合時宜的機制處理祖堂事務，以致阻礙了祖堂的正常運作，亦使到祖堂土地難以作有效發展，有損祖堂利益。以下，將概括講述現時新界祖堂因政府規管而引申出的數項問題。

　　第一，由於民政專員於處理祖堂事務，尤其是土地轉售上，要求單一祖堂的全體成員一致同意才會批准申請，即使有一個反對意見都無法通過。然而，一些人丁繁衍的祖堂成

員數目可達數百人，全體同意在現實中往往難以實現。有如市區重建的批准門檻準則，亦只不過是要求八成業權同意。全體一致同意的標準，並非一個合情合理的共識決策機制。

　　第二，根據《新界條例》第15條，民政專員實有權處理祖堂事務上的糾紛並進行調解，適度彈性處理所遇到的問題。例如在申請遇到反對意見時，可以作為調解者的角色，安排雙方會面討論問題。惟現時機制之下，反對者可以以匿名提出反對意見，祖堂根本無法得知反對者是何人，民政專員亦以私隱問題為由，拒絕提供反對者的資料。實際上，祖堂甚至無法知道反對者是否其祖堂之成員，只能從民政專員一人的口中得到確認。這些反對意見可以一拖三五七年，堅持不願調解，使祖堂的運作停擺，對氏族的利益造成極大損失，難道這不是違反了祖堂「敬祖宗、贍族人」的初衷嗎？此為第二點。

　　第三，民政專員在處理祖堂事務上，錯誤地理解或參照過往有關祖堂土地的案例和法律意見。若單從法律條文上去看，《新界條例》第15條並沒有規定祖堂作出決策時必須得到成員一致的同意。民政專員辦事準則的依仗是香港法庭過往的判決。但細看有關的案例，多個法官的判詞都有提到以下原則：「一般來說，祖堂土地的出售要求成員的一致共識，惟此標準在各地祖堂或會有所不同」。今執事專員只知前者，忽略新界有「各處鄉村各處例」的傳統做法。何況祖堂事務是新界各氏族的內部事宜，並不影響社會大眾。因此，各祖堂有自己的議事、決策方式，專員亦應給予承認及尊重。

　　其實，祖堂禁止成員私自典賣族產，其主要原因乃防止子孫隨意分割族產，損害祖堂的可持續發展。若從舊時的農耕社會來看，是十分合理的。惟今天，新界的農村經濟已式微，新界祖堂所持有的農地根本難以有效產生「持續性收益」。對於他們來說，祖堂土地所產生的收益，是維持族內

祭祖修祠等活動的重要經濟來源。如何維持這種「持續性收益」是祖堂最關心的問題之一。參與政府的大型發展區計劃固然是最直接、有效的發展方法。惟今天政府預留給中小型土地業權人參與的空間不大，雖有「原址換地」之方法，但換地門檻過高，只有個別大型發展商才能參與。新界祖堂雖持有不少土地，但地段小而分散，單一祖堂很難能夠達到換地標準。因此，這些祖堂必須與其他土地業權人進行土地轉讓、調配，才能有資格參與發展。但以上所講述的政府對祖堂規管而引申出的問題，卻使到祖堂土地的交易流轉受到種種障礙，根本難以參與任何發展計劃。最終這些祖堂只能坐等政府收地，獲得一筆遠低於市價的金錢補償，更無法產生有效的持續性收益。

在今後的二三十年，香港的城市發展之重心務必會逐步放在新界地區。實際上，現今已有三個新發展區坐落於新界，包括已通過城規會階段的洪水橋新發展區、新界東北新發展區和正處於勘察研究階段的元朗南新發展區，再加上以發展高新科技為主的落馬洲河套區，單是這些已落實的發展計劃已牽涉到上千公頃的新界土地。當中，不乏由新界祖堂所持有的土地。今天政府甚至新界祖堂本身都未有充分考慮祖堂的可持續發展，單以政府收地的現金賠償，並不能為一個祖堂提供有效並持續的經濟收益。在未來，特區政府於新界的發展計劃只會越來越多，新界各氏族有必要重新考慮其祖堂未來的發展方向。

4. 實現新界祖堂可持續發展的方向

在面對二十一世紀社會現代化的衝擊之下，實現新界祖堂可持續發展的方向有兩大原則：一，尊重傳統，理解並秉承成立祖堂的原意；二，與時並進，活化祖堂的運作及發展模式。

　　以香港的土地發展作為切入點分析：新界祖堂持有不少新界的土地，保守估計逾2000公頃。在未來港府的土地發展計劃當中，新界祖堂必然會參與其中。尤其是現今香港市區容量飽和，發展新界地區為勢之所趨，可以預計將來絕對會有更多的新市鎮發展計劃聚焦於新界。惟在新發展區的規劃與程序上，政府應容許土地原有業權人參與發展，如以公私營合作之方式，分享發展帶來的成果。這在世界各地的都市化進程中亦十分常見，一方面能夠減少冗長而繁複的法定程序，加快推動發展區內的建設，另一方面民間亦樂意配合。實際上，香港自六十年代起至八十年代的新市鎮（包括荃灣、沙田、大埔、粉嶺上水、將軍澳、元朗、屯門，天水圍除外），正正就是運用了換地權益書的辦法。換地權益書一方面容許政府有效率地徵收發展區內的私人土地，另一方面被收地的土地業權人亦可以透過換地權益書，換取發展區內的其他土地進行發展。這些大型新市鎮計劃能夠有效迅速地推行，在短短數十年間創造了能容納近三百萬人口居住的市鎮，分散了市區的擠迫壓力，應付了人口的急速增長，換地權益書的重要性不言而喻。

　　而積極參與土地發展對於祖堂這種傳統的氏族經濟共同體來說更為重要。因為對於他們來說，祖堂土地所產生的持續性收益，是維持氏族社群的重要經濟基礎。實際上，新界祖堂所追求的土地發展空間亦並非與香港政府和社會的利益對立。在現時香港社會嚴重缺乏土地資源的情況下，若政府能協助新界祖堂解開所面對的癥結，積極拆牆鬆綁，所釋放的土地資源能成為造福社會大眾的寶貴財產。而實現祖堂的可持續發展亦絕非祖堂單方面可以促成，而是要雙方互相理解、合作之下才能成事。

　　總括而言，促進新界祖堂的可持續發展之建議如下：

　　首先，回應原址換地參與發展的問題。如若新界各個祖堂能更靈活和有效地利用土地，例如與不同的祖堂在同一區

域內作合適之土地互換，整合或調配，自然能更容易達到換地的標準，並參與發展。當然，政府在這方面亦可以適當地降低原址換地的門檻。惟有如第八章所講述，現時祖堂土地的交易流程受到很大的限制，不合時宜的共識機制使到這些土地都難以靈活調配、轉讓。不但有損祖堂的利益，更凍結了寶貴的土地資源。因此，我們建議政府應合理地修改民政總署處理祖堂行政事務的行事指引，例如在土地轉售上，容許祖堂以合理成數通過其賣地的申請，而並非嚴格要求必須全體祖堂成員通過。這亦是尊重祖堂傳統和配合其成立原意的合適做法。另外，各祖堂亦可以簡單地以市價出售其所持有的土地，並將所得款項用作購買物業，並以出租物業的形式保障其持續性收益。在新的時代之下，讓祖堂能夠與時並進，以一個新的方式，即以擁有「衡平法權益」（Equitable Interest）代替過往只能持有土地的模式經營。更進一步，是容許氏族以其祖堂名義持有股票、債券等資產，都能有效地為祖堂帶來持續性收益。固然，以上的建議都要求法例上的更動以作配合。

畢竟，我們需要明白，任何一種文化或傳統習俗要獲得持續生存和發展的機會，都必須不斷自我調整，以適應外在環境的變化。豈有一種傳統文化或制度能千百年絲毫不變？新界的祖堂制度承傳至今數百年，正是其頑強生命力的最有力證明。惟內涵不變，形式卻可以隨環境變更；在不抵觸成立祖堂的初衷之下，若祖堂能將土地財產以新形式作合理運用，在現今逐漸城市化的新界地區之下，達致可持續發展並更有效地產生經濟收益，才能真正符合設立祖堂的原意。

誠然，在法治社會裡面必須有法可依。既然今天香港的法律當中承認中國的傳統習俗（即《新界條例》第13條），根據過往的判例亦能看得出法庭十分著重於保護祖堂制度的完整性。在面對社會的轉變之下，新界祖堂自身亦必須就內部的一些流弊作出更改。例如，各祖堂應各自訂立一套清晰

的運作規則，包括管理賬目、經營出租、議事投票、司理任命、收入分配等，予以執行以杜流弊。正如數百年前的義莊都有自己的義莊規條，在今天二十一世紀的法治社會之中，新界祖堂更有必要訂立一套既符合傳統，又能配合現今法律體系的運作規條。而政府方面亦能因此更容易配合祖堂的運作進行規範。

如此行，祖堂制度才可真正成為一個能夠敬宗收族、福澤族人的良好傳統文化，並繼續承傳下去。

5. 小結

面對傳統文化的保留及承傳，近年社會多持「取其精華，去其糟粕」之態度去檢視傳統文化。惟我們必須明白，一種文化或傳統習俗必然是基於某個歷史環境之下誕生。若以今人的眼光和道德標準去審視一些傳統文化，自然會發現當中許多的「糟粕」。但這些「糟粕」在舊時代中卻可能被視作「精華」，只不過這些觀念隨著社會的發展和轉變而逐漸變得落後、不合時宜。因此，在審視一種傳統文化的時候，要持客觀的態度，理解傳統文化誕生背後的歷史與意義，決不能武斷、魯莽，片面地認為「糟粕」就是黑暗、封建的。其次，更不能以為找到文化的所謂「壞因子」並把它們剔除開去，就能一勞永逸。「精華」與「糟粕」是文化的兩方面，亦同樣是其組成的一部分，從而成為一個盤根錯節的整體。若只把壞掉的剔除走，餘下的部分亦難以保持原樣。因此，我們要做的是將這些不合時宜的觀念改變並保全，使這種傳統文化變得完滿並更能適應當代的社會環境。否則，便很容易對傳統文化造成嚴重和不可逆轉的破壞。今天，祖堂制度作為中國傳統宗族文化之一仍未被排斥消亡，在香港新界存活了下來。但能否繼續延續下去，仍是未知之數。

結語：**老樹新芽**——中國宗族制度可持續發展的契機與面對新時代的挑戰

1. 歷史承傳

　　中國以農立國，農村承載了中國數千年來的鄉土傳統和歷史記憶，支撐中國一直發展。昔日人們為便利農務，聚族而居，共同依附一處土地，分享當地資源，落地生根。時日漸久，小家庭變成大宗族。在宗法制度的主導思想下，宗族制度主宰農村社會的日常生活，並且應用於整個中國。傳統的政治、社會制度，無不以宗族制度作為基礎。宗族制度的觀念也成為中國倫理道德根基，植根人心。因農業發展而衍生的宗族制度，承載了中國人對家庭的重視，蘊涵了農村社會數百年來的血親關係和文化，與中國鄉土傳統一脈相承。

　　家族以血緣為主，地緣為輔。親屬同居一地，少有遷移。直至當地資源不足以供不斷擴大的族人使用，部份宗族便分支到新地方建立村落。今日的傳統村落，其來源便是宗族發展中的「分家」。由是，中國的空間擴展和經濟土地發展實依賴宗族族群不斷的遷移，村落與宗族大多相互疊合，單姓村或主姓村是普遍的現象。直至明清兩代，宗族的地方勢力龐大，政府便透過給予適度之宗族自治權，讓其配合中央或地方政權管理好地方秩序。因而宗族不但管理地方的治安、教育等，又以自身在地方的權威推廣和維護當地秩序。族人與宗族相輔相成，宗族保障族人的利益，族人在外揚名

後回饋宗族，促使族人對宗族有極高的向心力。從事農業的族人對宗族頗為依賴。意欲入仕的讀書人，想的仍是一朝金榜題名，當衣錦還鄉耀宗親。這些從農村通過科舉考試而入仕的農村子弟，一旦經過仕宦生涯，退休後，很多都返鄉，並積極推動鄉土建設，包括興學或向朝廷保舉推薦鄉中的讀書人，又作為宗族代表，參與民間信仰活動。宗族因著族人的功名和聲望，在地方上樹立權威，得以介入更多地方事務而逐漸演變為鄉黨的士紳階層，對穩定政權和地方教化起著重大作用。

然而隨著封建政體崩潰，中國共產黨領導下的新中國，宗族及地方勢力因受到極大的打壓而減弱。由於實行社會主義政治體制及以馬列主義作為指導，中國政體和統治思想發生巨變。中國自辛亥革命後，二千年帝制轉變成民主共和，西方傳入的個人主義、自由主義和平等思想漸成為社會意識形態之主流。原始的共產主義思潮以簡單的二次元論將社會割分為兩大陣營，即資產階級和無產階級，以反對階級剝削為因，通過階級鬥爭為手段，奪取政權。1949年，中國共產黨在毛澤東的領導下取得了政權。其後受到以美國為首的西方社會封鎖打壓，導致了「一面倒向蘇聯」之政策，希望通過蘇聯和馬克思主義改造中國，使她脫離半封建半殖民的社會狀況。其實我們是從一個過往的極端走向另一個極端。百年前，我們盲目抄襲德、日，失敗了，又再盲目抄襲英美，但亦失敗了。解放後，我們又「盲目」抄襲蘇聯。

正如本文所述，中國之宗族制度建基於宗法制及衍生的「德治」、「禮治」、「孝道」及儒家思想，以人為本位，以「修身、齊家、治國，平天下」循序漸進模式，構成個人與國家社會的關係，成為以個人、家庭、宗族而推廣至以天下安危為己任的道德倫理觀。在新時代下，祖宗崇拜被視為迷信封建，宗族提倡重視集體利益也受到批評。然宗法制度下的家族制度實行已久，制度早已根深蒂固於人心，宗族

難以立時轉變應對。是故，宗族被視作傳統封建代表屢受打壓。政府取消一切自治組織，打破農村宗法秩序，特別是傳統土地所有權受到徹底改變。土地改革的推行，收回族產公田。族人的生活轉而依靠政府組織和安排，不再依賴宗族。宗族頓失經濟來源及族人支持，難以維持。

　　蘇聯的經驗、國情、文化、傳統和社會主義改造是否完全可以契入中華民族和文化的血脈中？有如一些人提出的「全盤西化」，或早期中國共產黨提出的將中國社會全盤的馬列主義化、共產化或蘇俄化？結果證明他們不完全符合中國的國情。在打倒四人幫後，鄧小平全面掌權，撥亂反正，提出實事求是的大政精神，以「實踐是檢驗真理的唯一標準」，進一步踐行毛澤東於1939年提出的「中國革命的全部結果是：一方面有資本主義因素的發展，又一方面有社會主義因素的發展」[167]，即資本主義下的市場經濟或其後提出的「社會主義市場經濟」。據此，新中國走出改革開放改革的四十年，以市場經濟和計劃經濟實行優勢互補。及至習近平提出中華民族的偉大復興，要走有中國特色的社會主義道路。並以四個自信為原則，特別是文化自信為重中之中，中國才開始按照自身的特點逐漸走上了符合國情和民情的發展道路。而中國的家族制度和家族文化也逐漸得以重生。

　　自八十年代後期起，國家開始放寬對政治、社會的管制，把部分權利回歸個人，宗族概念和習慣也在農村開始復興。國家的政策主要針對農村經濟的整合，族人對宗族的認同改變不大。由於城鄉人口流動受限，宗族組織和村落之間的關係未被打破。對農民而言，相對於政府機構，宗族制度的觀念、意識代代傳承。有困難需要找尋幫助時，下意識地以宗親為最優先選項。故當政府放寬管制，宗族便又再次於農村復興，逐漸主導農村的生產、生活和娛樂。隨著人民思

---

167 毛澤東，〈中國革命與中國共產黨〉，《毛澤東選集》，第2卷，頁650。

想的轉變，宗族內輩份高的族人仍受到尊敬，依血緣劃分等級的體制漸漸成為潛在因素。另一方面，宗族所蘊藏的歷史文化未因間斷而改變。當地的宗族文化變成了村落地域社會認同的象徵，成為地區特有風貌。宗族也為地方及族人提供歷史記憶及認同，加深人們和地方的聯繫。昔日備受批判或打擊的優良儒家思想和傳統文化重新受到尊重和推崇，並以此為基礎，重建「文化自信」。但西方民主價值觀並沒有被排除，而是以取長補短的包容心態，達致「古為今用，洋為中用」的健康心態。

自2005年起，中國政府提倡新農村建設，推動農村發展，此既是宗族發展的機會，也是挑戰。近代中國著力發展工商業，農村日漸空虛涸竭，城鄉差距擴大。年輕一輩隨著經濟發展，紛紛到城市尋求工作和學習機會，定居於城市。他們在城市成長，多只記得自己的籍貫，對宗族一無所知，也無法體會農村與自己的關係，更遑論承傳歷史。農村與城市成為對立，農村被視作落後、貧窮。在農村方面，雖然家庭聯產責任承包制提高了農民的生產積極性，農民透過宗族互相合作，各人的經濟得到改善。但城鄉差距帶來的村內勞動力不足問題未得到根本解決。農村內的年輕人因城鄉差異，都意欲「跳農門」，對鄉村文明、社會的認同越加下降，紛紛出走。農村只餘下年長一輩，青壯年勞動力的缺乏，局限農村發展，農村越加貧困，更促使年輕人出外工作，形成惡性循環。工商業依托農業，都市依托於鄉村，鄉村的落敗會影響整個中國。是故，中國已開始謀求農村復興，縮小城鄉差異，阻止農村崩潰。在發展和推動中國現代化，特別是工業、制造業、通訊與人工智能方面，在追趕西方和以逐步減少中、西部差距的前提下，提出「城鄉共融政策」。這對一個擁有十四億人口的傳統農耕文化的大國，有著積極的意義。

農村對中國的重要性因而再次被提起。而發展農村，必

須對當地宗族有所謀劃。宗族一直協助族人謀求經濟合作，集體發展當地農業。為了配合經濟結構的轉型，宗族除了經營昔日的義莊，部份轉而經營工業，如在鄉間辦毛紡和紡織廠等。[168]工廠的設辦不但解決了村民的就業問題，其收入更可作農村內的公益慈善事業之用，包括學校，社區文化服務中心等。針對年輕人出走城市，對農村失去認知的問題，宗族透過舉辦民間傳統節日活動吸引族人回歸。宗族所舉辦的民間傳統節日活動大多是由數村合辦，借神誕宴席邀請兄弟宗親和吸納外來人群赴宴。這些不但使宗族內部的關係得到強化，外來人也因著這些民間傳統節日等活動對地方增添認識。更重要者，它們堵塞了大量青年農村人口流失，舒緩城市面對的治安、住房、醫療、就業等等方面的壓力，亦為一個全面均衡發展的中國社會提供堅實的基礎和布局。

「鄉土中國」，農村為中國歷史之根源，農村的發達不單是為了支持中國日後發展，也是為了承傳中國及地方的文化歷史。丟失了宗族傳統就是失去了對文化的認同和歷史的記憶，很難讓我們的子孫後代瞭解到中國社會發展的脈絡，從而使其失去中華文明的認識和歷史的了解，進而失去對未來發展的根基。宗族可以帶動發展農村的經濟和社會，使年輕人選擇在鄉村成長、工作，對地方和宗族便更有認同和歸屬感，宗族和地方歷史文化能得以傳承。

2. 政治、經濟發展

從政治角度觀之，中國傳統政治是由國家制度和宗族制度構成，兩者並行不悖。政府透過宗族控制個體的農民，加強對地方的管制。明清政府推行鄉約制度，設置里甲制和保甲制，承認宗族對族人的控制和治理權力，宗族得擁自治

---

168 方方：〈也談宗族復興——論新宗族的現代性〉，《新西部（下旬刊）》，2012 年 10 期，頁141-146。

權。相對的，宗族亦承擔了地方的治安和賦役職務，地方村民依附宗族生活，受宗族管理。宗族制度協助國家將政策實行至農村，有利政府管治，維護社會穩定。宗族於地方具有政治和經濟的雙重功能，但政治意味較重。

　　由清末民初至新中國成立後，宗族衰落。政治上，原有宗族制度阻礙政府建立新的統一行政體系；經濟上，宗族制度妨礙了中央直接管理鄉村以及調配農村資源。是故當代的中國政府都壓抑宗族勢力，以建立新的秩序，並以政府組織直接管治全國。政府透過法律、經濟結構改革等抑壓宗族制度，宗族制度被排斥於國家秩序之外。宗族受打壓下，族產、管理族人的勢力大減，加上城市化引發年輕人紛紛離鄉別井，宗族無力發展。

　　八十年代改革開放後，政治和經濟環境放寬，宗族亦配合現代發展加以轉型，宗族制度得以重拾發展。改革開放後，政府給予農民更大的自主性。昔日由人民公社管理的各項事務，包括政治、經濟、文化等，改為「鄉政村治」，基層社會自治組織得以重建。農村建立了村民委員會進行自治，協助鄉鎮人民政府開展工作。然而，即使村委會由選舉產生，但村委會作為被鄉鎮政府指導的組織，更多的是代表政府的立場，[169]無法保障村民的利益，村民無法達到自治之效。加上農村習慣由人情倫理角度思考問題，村委會未能取代宗族制度的傳統。宗族具血緣和文化雙重優勢，群眾更信任與自己同宗的族人，更傾向由宗族保護自己權益，宗族自然重新於農村興起。

　　重新興起的宗族功能有所轉變：傳統宗族具較強的政治意義，現今較側重民生事務。宗族因血緣與地緣的關係受到集體的信任，能代表整體村民的利益，與村委會進行商議時具有議價能力，更能代表村民意見。村委會為了謀求更多

---

169 楊沛艷：〈城鎮化進程中的農村基層治理格局重構——基於村委會與宗族關係的探討〉，《貴州社會科學》，2011年7期，頁17-20。

選票和支持，亦會盡量滿足宗族的要求，使村民利益得到保障。此情況下，宗族的向心力亦得以加強。宗族為村內修路、修水，以及於社區內舉辦組織文娛活動，聯繫族人，填補了政府組織的不足。在生養死葬上，村民更習慣依隨鄉村傳統，而宗族對此更為熟悉，增強村民對宗族的認同。為了避免觸及政府的權威，宗族謹慎地改變自己功能。昔日「族長能懲治族人，不必送官」等規條今已不再。宗族改革後，配合政府政策，共同維持社會穩定、發展農村。是故政府亦默許宗族活動，以宗族組織規約村民，更在1998年頒布的《社會團體登記管理條例》中，使宗族活動受到法律規範和保護。

在新時代下，宗族的經濟功能開始突顯。改革開放後，中國在農村推行家庭聯產責任承包制，著力發展農村經濟。農民的家庭營運收入成收入主要來源，家庭成為農村中最基本的社會和經濟單位。然而，各家庭的土地分散，年輕人又往城市就業，村民進行農務時極為不便，家庭的收入亦因而大減。此時宗族的經濟合作功能開始突顯。宗族成員因為彼此信賴，成為集體生產和協作的對象。宗族可協調族人各項工作，為族人購買一套大型農用工具以共同使用。族中村民在勞動力和技術方面合作，在年終結算時平均分配收入。這種合作除了促使整體經濟發展外，亦補助了一些經濟條件不好和勞動力缺乏的家庭，實現了新時代下的宗族互助。

另一方面，中國經濟發展起飛後，大眾經濟水平提高，有更多金錢可供參與宗族活動，宗族因而受惠。對農民而言，國家推動農村經濟後，其收入增加。昔日因金錢困窘，為生計焦慮，對宗族活動的參與度不高。宗族也因資源的局限，舉辦的宗族活動較為小型。現在的族人卻能捐款支持修族譜、修宗祠等活動。即使是離鄉的商人，尤其是海外的華僑，為彌補對家鄉的思念之情和「光宗耀祖」，對宗族活動也慷慨解囊，不乏捐款數萬的例子。宗族在有充足的資金援

助下，能開展更大型的宗族活動，甚至與其他地方宗族聯合舉辦活動。就地方而言，宗族能帶來地方收益，亦省去了地方政府部份開支。宗族自行修復宗祠，使政府節省開支，又能利用宗祠此歷史古蹟吸引遊客。而城市人對於農村和宗族感到陌生，當宗族舉辦活動，除離散於外地的宗族居民前往外，其他人亦會前往參觀，帶動當地旅遊經濟發展。

隨著宗族復興和宗族影響力日益增長，宗族在政治上亦受到挑戰。宗族雖強調守法，以公益事業為主，配合政府維持地方秩序，但宗族要為族人爭取利益，無可避免地與政府有爭議，宗族間彼此也會因爭奪資源而發生衝突，使地方政府感到棘手。村委會的選舉也大多受到宗族的影響，左右選舉結果。[170]對地方政府而言，宗族政治影響力的擴大，有可能動搖政府對農村的管治力量。為了避免此情況發生，宗族亦主動避免介入地方政治事務。即使擔任領導者，其同級會由其他宗族的人擔任，以化解政府對宗族的憂慮，使宗族能於政府容許下持續發展。

3. 文化延綿

相較之下，宗族的文化發展較為順利。即使受到現代文化的衝擊，但通過與現代文化不斷離析和整合，去蕪存菁，傳統宗族文化亦不斷進步。作為傳統思想觀念體系的基礎，宗族文化除了包涵倫理道德外，宗族規範、傳統習俗、禮儀等都在其中。宗族文化的核心為對血緣親情的重視，孝親尊長，主要顯現於宗祠、族譜、宗族墓地等方面，並以此增加宗族內的凝聚力。宗族於時代演變下潛移默運，繼承和延續了傳統宗族的外觀與形式；另一方面，透過對傳統的再解釋

---

170 賴揚恩：〈宗族復興與農村工業化社會基礎的構建〉，《浙江社會科學》，2003 年第 5 期，頁103-108。

賦予新的內涵，宗族可以更適應現代，使它得以承傳。[171]宗族的傳統習俗和禮儀亦成為地方特有的文化。近年政府對村落文化越加重視，力求「建設中華民族共有精神家園」，加強對民族文化的保護，為村落文化重要構成部份的宗族文化亦自然地受到保護。

現代化、城市化、全球化浪潮正直捲全中國，農村不可避免地受到影響，宗族文化也受到衝擊。在宗族文化中，宗法制度和祭祀祖先較受爭議，前者被抨擊為是不平等的表現，後者則被視作迷信和守舊的象徵。建國初期，中國便試圖根除宗族組織和文化，但未能成功。宗族於改革開放後迅速復活和漫延。宗族文化為農民相互關聯的依據和地方行事的規律。當政府規條退場後，宗族文化填補了缺口，重新成為農村社會意識和行為的主導。

受到新文化衝擊的宗族文化，融入現代化的觀念，補往日之不足，此點由宗族對宗法制度和祭祀祖先的改革可見。因此，宗族文化並非一成不變，它於堅持己身文化下吸收其他文化的優點。宗族以血緣親疏決定社會等級秩序，重視教尊先祖，但各人漸趨平等。於孝道上，族人亦作出了反思，在對父母親屬表示尊重和孝順外，亦不盲從於集體和家長權威，保持自己的意見，使新時代個人主義意識融入，更易得到年輕一輩的接納和認可。

在祭祀祖先方面，祭祖為宗族文化的核心與基礎，在中國民間宗教與信仰體系中佔有重要地位。透過祠堂祭祀，可增強族人的血緣認同感，聯絡族人感情，強化對宗族的凝聚力和向心力。是故祭祖是宗族文化中不可斷絕的一環。故此，宗族堅持保留祭祀的傳統，只是簡化傳統的祭祀習俗，變通機制。因資源、村落人口外流，宗族已較少舉辦大規模宗族活動。即使有大規模宗族活動，大多亦是由數個村落合

---

171 戴五宏、張先清：〈當代中國宗族復興研究：回顧與反思〉，《晉陽學刊》，2014 年 2 期，頁9-14。

辦，祭祖亦可由女性操持，使宗族觀念在小型的家庭分散型祭祀中得到延續。在現實環境及現代文化的影響下，宗族平衡了傳統文化和現代的價值觀，促使宗族制度能一直持續。

在過去的近一百年，宗族文化一度受到打壓，如今則變成受國家和地方保護的對象。國家和地方政府看到宗族文化帶來的機遇，不但有利地方發展經濟，同時亦能成為國民教育的基礎，故推動相關政策，保護宗族文化的流傳。宗族文化雖一直在農村持續，但隨著農村在這時段的凋零，影響力大不如前，更一度有消解之危。老一輩已故去，新一輩並未成長起來。村落的風俗昔日大多並非單純的公共性活動，而是宗族活動，脫離宗族性後，它們只作為一種民間文化習俗流傳下來。但對宗族而言，此仍是宗族傳統文化的一部份。國家的保護政策主要針對地方傳統習俗，如當地的手工藝、部落的歌舞等。政府對地方的傳統文化進行挖掘整理，尋訪並登記民間藝人，引導民間的文化傳承。例如在當地舉辦培訓班，鼓勵藝術大師收生，使手藝得以傳承。但這是不足夠的，要擴大至對整個宗族文化的重視和支持。

如地方政府利用宗族文化的特性，發展文化旅遊，帶動當地經濟。各地的宗族因著歷史和地理關係，擁有不同文化，如節日聚會、風俗手藝不一等。宗族的建築例如祠堂具有地方特色，保存著昔日面貌。宗族舉辦的節日聚會盛大熱鬧，對遊客極有吸引力。這些資源皆有助地方政府發展鄉村休閒旅遊。故此，宗族修復宗祠或舉辦活動時皆能得到政府大力支持，於地方和宗族皆是雙贏。對地方政府而言，宗族定期舉辦如舞火龍、祭祖大典等活動，有助吸引遊客。宗祠修復後，亦能成為具特色和歷史意義的旅遊景點。宗祠大多有上百年歷史，建築風格和特色各有不同。宗祠內記載了地方宗族的興衰。對宗族而言，修復宗祠能便利日後的祭祖活動，也是族人對宗族感情的一種寄託象徵，故會募款修繕。宗祠修繕後，此可成為旅遊景點，定期開放，藉此機會發展

文化旅遊。當地方經濟得到發展，宗族同享成果。地方的興盛有助吸引村民返鄉創業，為延續宗族文化的一個機會。

　　現代價值觀念雖對宗族文化造成衝擊，但亦為宗族文化帶來新氣象。一個長期故步自封的文化很快便會消亡，只有吸納其他文化，隨時代進步才能一直發展。現今宗族文化的問題主要在於失去繼承者，因年輕人無法對宗族文化產生認同，對城市文化趨之若鶩。但此大多建基於年輕一輩對宗族文化接觸極少，只由城市文化角度批評宗族文化。當宗族文化消失，村落失去了對傳統的記憶，後代就更難認識中國社會發展的脈絡，失去對未來規劃的根基。故政府透過政策對宗族的傳統習俗加以保護，宗族內部也要因應新時代變遷而改革傳統，透過吸引年輕人學習宗族文化，力求達到文化綿延。

4. 中華民族的偉大復興與宗族承傳

　　中國共產黨於十五大上提出「中華民族偉大復興」的概念，開展中華民族復興的旅程。在十八大會議上，習近平總書記再次提出中華民族偉大復興的中國夢，力求帶領中國走向繁榮富強。此時關係國計民生的三農問題受到關注，故此中國制定了鄉村振興戰略。自新中國成立後，中國以發展工商業為優先，農村為輔。雖農村的發展已有成效，但農業農村農民的「三農問題」仍未得到根本改善。故此，以農立國的中國不得不回顧根本，循鄉土重建的歷史脈絡，以振興鄉村為主要目標，將鄉村振興戰略列為優先政策。

　　宗族一直在地方為農民提供支持，在政治、經濟和文化上協助村民。發掘宗族的力量能對鄉村振興戰略作出貢獻，成為鄉村振興的動力。而宗族亦將受惠於鄉村振興，得以承傳後代。

　　改革開放後，三農問題日漸受到政府重視。雖昔日中

央一直努力解決三農問題，農村的民生、農業的供給、農民的貧困皆得改善，但隨著農村與城市差距持續擴大，問題越顯嚴重，未能得到根治。現時三農問題仍然困擾著中國。農村方面，農村的經濟局限於農業，基礎設施不足、民生領域欠賬較多，農村環境和生態問題也受到注目。農業方面，農產品階段性供過於求和供給不足並存，農產品質量亦需要提高。農民方面，農民適應生產力發展和市場競爭的能力不足。城鄉的流動機制亦不建全，年輕的農民紛紛出走城市，農村內的發展陷入無人可用的困境。

　　為此，中央提出了數項原則開展工作，務求於2050年時鄉村達到全面振興，達致「農業強、農村美、農民富」。中央要求按照產業興旺、生態宜居、鄉風文明、治理有效、生活富裕的總要求展開工作。政策設計上強調要尊重農民意願，讓政府、社會、市場共同推進鄉村振興，共用其利。城鄉需融合發展，以達成工農互促、城鄉互補、全面融合、共同繁榮的新型工農城鄉關係。當中最引人注目的，是中央指出需要以因地制宜、循序漸進方式發展農村。

　　宗族對縣鄉人大的工作開展帶來了正反面的雙重影響，但只要政府把握和協調好與宗族合作的矛盾，可以透過宗族把政策層層推進，達到鄉村振興的目標。政府曾一度認為宗族阻礙了政策在村民中的施行。然而，此實是因為農村的法理型權威缺乏，村民對鄉鎮政權、基層黨支部和村委會的信任和認同不足，使宗族組織成為他們表達意見的手段。此無疑令政府在透過村委會等推行政策時，往往遇上阻撓。然而，從另一角度看，政府若能利用宗族對農民的凝聚力，透過宗族施行政策，將會收獲更大效益。政府若在政策構想之初，向宗族諮詢當地村民的意見，使規劃能達致因地制宜，不但減少有關政策在推行上的阻力，並於發展過程中更有成效。

　　農村與宗族的發展相輔相成，宗族能協助支持農村發

展，農村發展亦使宗族得以承傳。宗族制度為配合現代社會，在祭祀制度等都有所簡化，以便利族人參與，尤其是居於海外或於城市工作的族人，亦希望保持聯繫族人感情的習俗。但對年輕人而言，這種便利並未見得為其帶來對宗族深厚的感情。只有農村發展完備，吸引年輕一輩回歸，宗族制度才得以承傳。對農村而言，勞動力不足一直為一大問題。兩者皆有共同目標，期望發展農村，宗族對政府的政策自不會強加阻撓。

此外，宗族目前已轉型為偏重經濟和文化的集體組織，政治影響力日益降低。宗族經濟和文化功能都有利中央鄉村振興戰略工作，更甚能帶動民族感情，有利中華民族復興。經濟方面，農村產業單一化，過份依賴農業。政府在農村發展產業經濟，使農民無須借助宗族組織發展生產。宗族為延續自身，在地方設立廠房，引入工業至農村。農村的經濟結構因而有所改變。宗族網絡也為農村經濟帶來機會。宗族成員到外地工作後，亦會捐款幫助宗族籌辦活動，包括修祠、修譜等，推銷地方特色給城市的「老闆」。政府及宗族兩者並行下，農村的產業多元化，宗族成員亦具個體獨立性，能獨立生產。此增加了農民市場競爭力，農民的生活水準亦越加改善。

文化上，宗族一直維繫農村的倫理道德，是農民行事的依據。宗族又承擔了村內不少公共事業的事務，包括修公路、修水等，改善了鄉村的生活環境。中央意圖使農村達到生態宜居、鄉風文明等原則，可與宗族一同達致。宗族的文化配合時代發展已作出改變，如今更多是注重倫理道德的規限。目前地方政府對鄉風文明建設的重視程度不足，越低層越輕視，對群眾思想的工作往往流於放任，一直只依賴宗族對思想的管制。當地方政府應與宗族合作，由宗族帶頭重視道德水準，對科學、文明有所追求，使鄉風文明得以順利建設，不再流於空談。地方政府也應承擔更多的公共事業，如

宗族的修路、修水，往往只是「頭痛醫頭，腳痛醫腳」，只有地方政府進行整體規劃，如加強配套下，才能使農村更加宜居。

宗族承傳對中華民族的復興是一大助力，為了新時代發展而把其完全從農村剝離是主動放棄自己的歷史。宗族是具中國特色的產物，蘊藏中國數千年的農耕文化，並代表了地方的文化和歷史。於全球化下，各地的文化、經濟等都盲目地追求一體化。然而，沒有特有的歷史、文化，對自己國家的身份認同亦會漸漸模糊。宗族一直被視作封建固化，被一些人力主清除。然而宗族制度一直隨新時代改變，並顯示出其對現代化、民族復興的價值，故應被承傳下去，扶助中國實現共同富裕和建設美麗中國的中國夢。

是故，對中國宗族制度的研究和了解其內涵，有助於對中華民族四、五千年歷史的認知。今天由中國共產黨領導，以習近平為領導核心的中華人民共和國是與歷史上和文化中的舊中國一脈相承的，不可割斷，也不能割斷。

中華民族要珍惜今天得來不易的成果，但也不能忘掉我們的根，要保護和承傳好我們祖先遺留下來的優秀文化、傳統和領土。在這個意義上，中華民族的偉大復興，"文化自信"之所以列為"四個自信"中的重中之重。因為沒有文化，便沒有歷史，沒有歷史便沒有民族，沒有民族便沒有國家，沒有國家便受人欺負。那麼中國又為何要強調強軍夢？因為沒有一個強大人民軍隊，便沒有人民的一切，又何以達致保境安民之實？特別是今天我們處於國際風雲變幻的環境裏，只有經濟實力卻缺乏強大的軍事力量的支撐，只會成為別人口中的一塊肥肉而矣！

此外，發揚和承傳宗族文化亦對團結近六千多萬的海外華人華僑具有重大意義。

今天，散佈於海外約六千多萬炎黃子孫，雖遠離故土或已在異邦落地生根，有些已經歷數世代或和異族通婚，為何

仍不忘其根本，對中國仍存有一份感情和依戀？每當祖國有難時，他們定必紓力紓財，其背後的動機為何？余究其實，乃中華傳統文化中的宗族文化所使然。因無論一個人是否有文化或學歷，都清楚明白一個道理：為人後者，數典忘祖，乃大逆不道之事。他們是在中國傳統宗族制度下之：認祖歸宗、慎終追遠和尊祖敬宗的意識所使焉！而非簡單地對中華文化的熱愛，而是中國四千多年來所形成的宗法社會的感召。

宗族的紐帶和思想，把這批分散在海外炎黃子孫的心與他們的故土——中華大地，聯成一道看不見的聯繫，它是中華民族偉大復興的一股重要力量。因此為何我們會發現，在任何有海外華人和華僑聚居之地，均有宗祠或家廟之建立。

宗族制度的之時義大矣哉！

附錄一：歷代香港遷入之氏族與同族分遷一覽表[172]

宋代

姓氏	原籍	遷移途徑	棲止地域及年代
林	福建莆田	惠州—東莞	九龍蒲崗(北宋)
			林村坑下莆(宋末)
陶	江西鄱陽	廣西郁林—廣東寶安	元朗新田(宋末)
鄧	江西吉水	陽春—東莞	錦田(北宋)
			大埔頭、竹村、黎洞(宋末)

元代

姓氏	原籍	遷移途徑	棲止地域及年代
吳	福建寧化	惠州—東莞	九龍城衙前圍(元末)
彭	江西廬陵	潮州—東莞	粉嶺龍山(元末)
文	四川成都	江西永新—惠州—深圳	大埔泰坑、新田仁壽圍(元統年間，1333—1335)
侯	廣東番禺	—	上水沽上鄉(元末)
廖	江西寧都	福建汀洲—東莞	上水鳳水(元末)

姓氏	分遷建村地點	分遷年代
鄧	新界龍躍頭、屏山	元朝末年
陶	新界屯門	元朝末年

---

172 薛鳳旋、鄺智文編著，《新界鄉議局史：由租借地到一國兩制》（香港：三聯書店(香港)有限公司，2011），頁356-359。

明代

姓氏	原籍	遷移途徑	棲止地域及年代
胡	福建汀州	潮州一惠州	錦田逕口
徐	江西南昌	廣州一寶安	大嶼山可壁、梅窩、新界攸田村 (明末)
袁	江西信豐	東莞一溫塘	大埔泰坑、黎洞、大嶼山梅窩 (明末)
陳	福建寧化	潮州一寶安	荃灣葵涌(明中葉)
黎	江西贛州	博羅一東莞	西貢大派西灣(成化年間，1465-1487、蠔涌、塔門(明末)
謝	—	南雄一東莞	大埔沙角尾(崇禎十六年，1643)
溫	河南洛陽	新會一東莞	西貢蠔涌、北港(萬曆年間，1573-1620)

姓氏	分遷建村地點	分遷年代
林	屏山石埗	明朝中葉
彭	粉壁嶺、北村	萬曆年間
廖	上水丙岡橫眉山、隔田龍眼園上水圍、烏溪沙	明朝中葉萬曆年間
鄧	元朗廈村、輞井大嶼山塘福、元朗官涌	洪武年間(1367-1398)明朝末年

清代

姓氏	原籍	遷移途徑	棲止地域及年代
刁	福建寧化	惠州	新界荃灣新村(清中葉)
丘	福建寧化	潮州—惠州	麻雀嶺、樟樹灘、赤泥坪、沙頭角(清初)
朱	江西吉水、福建寧化	惠州	新界竹坑老圍、汞湖、鹿頸(清初)港島石塘咀、鶴咀、九龍沙挖舖、大磡(清中葉)
成		潮州	新界林村、大水坑(清初)新界孟公屋(乾隆十年，1745)、榕樹澳(道光初年)
何	福建寧化	潮州—惠州	大嶼山杯澳(清初)、東涌、大蠔(乾隆年間，1736-1795)，大埔三門仔
李	福建上杭	潮州—惠州	新界烏蛟騰、錦田蓮花池(康熙三十九年，1700)新界大朗、船灣涌尾、掃管笏(清初)新界蓮澳、深涌、塔間、亞媽笏、吉澳西澳、大嶼山、荃灣大屋圍、沙頭角南涌(乾隆年間)新界沙田作壆坑(道光三年，1823)，沙田頭(道光八年，1828)
吳	福建寧化	增城	新界沙頭角(清初)
邱	福建寧化	潮州—惠州	新界林村梧桐寨、大埔樟樹灘(清中葉)
俞	一	一	新界大埔汀角(中葉)
凌	一	惠州	九龍鶴佬村、元嶺村(乾隆年間)
馬	福建寧化	潮州—惠州	新界碗窰(清中葉)
翁	福建莆田	潮州—惠州	新界白沙澳海下(嘉慶十六年，1811)
陳	福建龍溪、江西大和、福建寧化	南雄—新會—東莞、潮州—惠州、潮州—惠州	新界元朗鳳池鄉(清中葉)、林村(清末)新界青衣、浦尾、鹽田角(清初)新界荃灣老屋場(乾隆二十二年，1757)、三棟屋(朝隆五十一年，1786)新界鹿頸、大埔、荃灣(乾隆年間)新界九龍坑、社山(清中葉)新界林村(清末)

張	福建和平	潮州—惠州	大嶼山長沙、水口（康熙六年，1667）、貝澳老圍（康熙八年），新界荃灣老圍（雍正年間，1723-1735），大埔沙螺洞（道光年間，1821-1850）
郭	福建上杭	潮州	大嶼山白芒(清初)
傅	福建汀州	潮州—惠州	新界荃灣青快塘、深井(清中葉)
馮	—	—	九龍馬頭圍、大嶼山石壁、墳順、水口(清初)
溫	江西石城、福建寧化	潮州—惠州、潮州—惠州	新界大埔陶子峴、荃灣柴灣角半山村(清中葉)新界擔水坑(清初)、榕樹澳(清中葉)
黃	福建寧化、河南開封	潮州—惠州、潮州—惠州	新界沙田小瀝源(清初)、大水灣(乾隆三十八年，1773)新界荔枝窩、鎖羅盤、白沙灣新村(清中葉)
鄒	—	—	大嶼山大蠔(清中葉)
楊	—	潮州—惠州	九龍荔枝角(乾隆二年，1737)，荃灣沙咀楊屋村、油柑頭、元朗水蕉圍（清中葉）
葉	福建寧化	龍川—南雄—潮州—惠州—東莞	新界蓮麻坑(康熙四十九年，1710)、荃灣青快塘（乾隆十年）
翟	—	東莞	九龍馬頭圍（清中葉）
鄭	福建永安	潮州—惠州	新界荃灣城門圍（康熙十九年，1680）、元朗大井圍(清初)
鄧	福建寧化	潮州—惠州	新界青衣藍田(康熙九年，1670)、橫台山(康熙二十七年)、荃灣、禾坑、馬尾下(清初)葵涌禾塘咀(道光年間)、馬灣、下葵涌(清中葉)、荃灣海壩(民初)
鍾	江西贛州	南雄—東莞—潮州—惠州	新界屯門廣田園(清初)、林村、大嶼山石壁、梅窩(清中葉)新界林村坪朗、大崦山(康熙四十八年，1709)、田寮下、坪山(雍正年間)、元朗大旗嶺、西貢魷魚灣、玉竹山(乾隆年間)、荃灣海壩村(道光年間)
藍	福建福清	潮州—惠州	新界東和墟鹿圍(清初)
羅	湖北襄陽	潮州—惠州	新界八鄉橫台山(清初)
顧	江南無錫	新興—新會	香港仔鴨脷洲(光緒年間，1875-1908)

清代

姓氏	分遷建村地點	分遷年代
林	新界元朗祠堂村	清朝初年
侯	新界丙岡、新界金錢、燕崗、新界鳳岡	清朝初年、乾隆年間、道光年間
胡	新界馬鞍崗、新界元朗八鄉、大欖涌、九龍莆崗	康熙年間(1662-1722)清朝中葉
徐	大嶼山梅窩草朗尾	乾隆二十三年(1739)
陶	新界屯門黃崗圍、麥園圍、屯紫圍、永安、大園、新界屏山、水邊圍、水邊村、沙江圍、白沙村	乾隆年間、清朝中葉
彭	新界粉嶺圍、掃桿埔	清朝初年
曾	新界上麻嶺、大嶼山梅窩鹿地塘新界荃灣九華徑	清朝中葉、清朝末年
溫	新界龍躍頭	清朝初年
黃	香港長洲	乾隆年間
趙	新界元朗、新田	清朝初年
廖	大嶼山	清朝初年
鄭	新界元朗牛徑	清朝中葉
黎	新界大浪西灣、坭涌港島筲箕灣	清朝初年、清朝中葉
劉	新界粉嶺、沙田大圍、蠔涌、粉嶺禾坑新界吉澳新圍仔、大埔舊墟新界馬尾下簡頭村、學藪圍、茅田他、蓮麻坑、徑肚、禾徑山、大環頭(富合灣)、屯門小坑白沙圍、九龍元嶺村	清朝初年、乾隆年間、清朝中葉
鄧	新界屯門紫田村、新生村	清朝末年
蘇	九龍長沙灣茅田村	乾隆四年(1739)

附錄二：中國歷代人口變遷參數表

朝代	時期	人口	戶口	時間（年）	出處
禹	夏	13,553,923		公元前2200	杜佑《通典》
周成王	周	13,704,923		公元前1042-1006	杜佑《通典》
漢孝平	漢	59,594,978	12,233,000	公元前1年-6年	杜佑《通典》
漢光武	後漢	21,007,820	4,270,634	公元前5年-57年	杜佑《通典》
漢桓帝	後漢	56,486,856	10,677,960	146-168	杜佑《通典》
晉武帝	晉	16,163,863	2,459,804	280	杜佑《通典》
隋煬帝	隋	46,019,956	8,907,546	609	杜佑《通典》
唐太宗	唐	12,351,681	3,041,871	639	杜佑《通典》
唐玄宗	唐	41,419,712	7,069,565	726	杜佑《通典》
	唐	48,909,800	8,525,763	742	杜佑《通典》
唐憲宗	唐	15,760,000	2,375,400	820	《舊唐書》
宋真宗	宋	14,278,040	6,864,160	1003	《宋會要》
宋徽宗	宋	45,324,154	20,264,307	1102	《宋會要》
宋理宗	南宋	13,026,532	5,696,989	1264	《續通考》
元世祖	元	58,834,711	13,196,206	1290	《元史》
明太祖	明	59,873,305	10,654,362	1381	《明太祖實錄》
清宣統	清	341,423,867	92,699,185	1912	《中國歷代戶口、田地、田賦統計》
中華民國	中華民國	441,849,148		1928	《民國十七年各省市戶口調查統計報告》
中華人民共和國	中華人民共和國	541,670,000			《中國統計年鑑2021》
中華人民共和國	中華人民共和國	1,412,120,000		2021	《中國統計年鑑2021》

梁方仲，《中國歷代戶口、田地、田賦統計》（北京，中華書局，2008）。

內政部統計司編，《民國十七年各省市戶口調查統計報告》。

參考書目

一、古籍

1. 《禮記》，御定仿宋相台岳氏本五經本。
2. 王符，《潛夫論》，收入《四部叢刊初編》，第 334-335 冊，景江南圖書館藏述古堂景宋精寫本。
3. 司馬遷，《史記》，《武英殿二十四史》本。
4. 鄭玄，《儀禮注疏》，《武英殿十三經注疏》本
5. 王弼，《周易略例》，收入《周易十卷》，第 3 冊，上海：中華書局，1936，聚珍仿宋本。
6. 郭璞傳，《山海經》，收入《四部叢刊初編》，第 466 冊，景江安傅氏雙鑑樓藏明成化庚寅刊本。
7. 蕭子顯，《南齊書》，香港：中華書局，2000。
8. 魏收，《魏書》，上海：商務印書館，1934。
9. 李延壽，《南史》，收入《四庫全書薈要》，《摛藻堂四庫全書薈要》影印本。
10. 杜佑，《通典》，收入《欽定四庫全書》。
11. 長孫無忌，《唐律疏議》，台灣：台灣商務印書館，1968。
12. 脫脫等，《宋史》，上海，商務印書館，1937，百衲本二十四史。
13. 王欽若、楊億，《冊府元龜》，收入《欽定四庫全書》。
14. 吳海，《聞過齋集》，收入《欽定四庫全書》，第 1217 冊。
15. 歐陽修，《文忠集》，收入《欽定四庫全書》。
16. 歐陽修，《新五代史》，《武英殿二十四史》本。
17. 歐陽修，《新唐書》，收入《欽定四庫全書》。
18. 李燾，《續資治通鑑長編》，北京：北京圖書館出版社，2006。
19. 范仲淹，《范文正公集》，收入《四部叢刊初編》，第 819 冊，景江南圖書館藏明翻元天曆本。
20. 錢公輔，《義田記》。
21. 蘇洵，《嘉佑集》，收入《欽定四庫全書》。
22. 竇儀，《宋刑統》。
23. 鄭樵，《通志略》，上海：商務印書局，1933。
24. 虞集，《道園學古錄》，收入《四部叢刊初編》，第 1440 冊，景上海涵芬樓藏明刊本)。
25. 中央研究院歷史語言研究所校勘，《明孝宗實錄》，台北：中央研究院歷史語言研究所，1966。
26. 張四維輯，《名公書判清明集》。
27. 朱熹，《胡氏族譜序》，收入《古今圖書集成》，上海：中華書局，1934，中華書局影印本。
28. 朱熹，《家禮》，收入《欽定四庫全書》。
29. 吳寬，《匏翁家藏集》，1508 年常州無錫本影印。
30. 宋濂，《宋濂全集》，浙江：浙江古籍出版社，1999。
31. 歸有光，《震川集》，收入《欽定四庫全書》，第 1289 冊。
32. 國立故宮博物院輯，《宮中檔乾隆朝奏摺》，臺北：國立故宮博物院，1984。
33. 《皇朝文獻通考》，收入《欽定四庫全書》。
34. 《清實錄》，北京：中華書局，1986。
35. 雍正，《聖諭廣訓》，中國：廣雅書局，1981。
36. 王國維，《觀堂集林》，北京：中華書局，1959。

37. 陳鑾，《江夏陳氏義莊規條》，1888。
38. 華氏存裕堂，《華氏新義莊事畧》，1901。
39. 吳榮光，《吾學錄初編》。
40. 周學曾，《晉江縣志》。
41. 吳壇，《大清律例通考》，1886。
42. 徐本、三泰，《大清律例》，收入欽定四庫全書。
43. 來保，《大清通禮》，江蘇：江蘇書局，1883。
44. 承啟、英傑等，《欽定戶部則例》，台北：成文出版社，1968。
45. 屈大均，《廣東新語》，北京：中華書局，1985。
46. 張景燾，《登榮張氏族譜》，1841。
47. 許慎撰，段玉裁注，《段注說文解字》，台北：廣文書局，1959。
48. 賀長齡，《皇朝經世文編》。
49. 馮桂芬，《顯志堂稿》。
50. 趙爾巽等，《清史稿》，關外二次本。
51. 顧炎武，《日知錄》，收入《欽定四庫全書》。
52. 徐元瑞，《吏學指南》。
53. 章學誠，《文史通義》，上海：掃業山坊，1926。
54. 陳培桂，《淡水廳志》。
55. 錢大昕，《十駕齋養新錄》，上海，商務印書館，1935。

二、近人專書
1. 天野元之助，《支那農業經濟論(上)》，日本：改造社，1942。
2. 孔永松、李小平，《客家宗族社會》，福州：福建教育出版社，1995。
3. 毛澤東，《毛澤東選集》，北京：人民出版社，1991。
4. 王力等，《中國文化常識》，香港：龍門書店，1966。
5. 王仲犖，《（山昔）華山館叢稿續編》，北京：中華書局，1987。
6. 王滬寧，《當代中國村落家族文化》，中國：上海人民出版社，1991。
7. 田昌五，《中國歷史體系新論》，山東：山東大學出版社，1996。
8. 吉爾伯特‧羅茲曼（Gilbert Rozman）編，國家社會科學基金比較現代化課題組譯，《中國的現代化》，上海：上海人民出版社，1989。
9. 朱鳳瀚，《商周家族形態研究》，天津：天津古籍出版社，1990。
10. 呂思勉，《中國宗族制度小史》，上海：中山書局，1929。
11. 呂思勉，《中國通史》，香港：香港中和出版有限公司，2022。
12. 李文治、江太新，《中國宗法宗族制和族田義庄》，中國：社會科學文獻出版社，2000。
13. 李后，《百年屈辱史的終結：香港問題始末》，北京：中央文獻出版社，1997。
14. 李浩然，《香港基本法起草過程概覽（全三冊）》，香港：三聯書店(香港)有限公司，2012。
15. 金毓黻，《中國史學史》，台北：鼎文書局，1976。
16. 金耀基，《中國社會與文化》，香港：牛津大學出版社，2013。
17. 姜士彬（David　Johnson），範兆飛、秦伊譯，《中古中國的寡頭政治》，上海：中西書局，2016。
18. 柯昌基，《中國古代農村公社史》，鄭州：中州古籍出版社，1989。
19. 洪煥椿，《明清蘇州經濟資料》，江蘇：江蘇古籍出版社，1983。
20. 科大衛，《皇帝與祖宗》，南京：江蘇人民出版社，2009。
21. 香港史學會，《文物古蹟中的香港史》，香港：中華書局，2014。
22. 埃裡克‧霍布斯鮑姆（Eric Hobsbawm）著，李金梅譯，《民族與民族主義》，上海：上海人民出版社，2000。

23. 孫文，《三民主義》，臺北：臺灣省政府教育廳，1949。
24. 徐揚傑，《中國家族制度史》，北京：人民出版社，1992。
25. 晁福林，《夏商西周的社會變遷》，北京：北京師範大學出版社，1996。
26. 浙江大學地方歷史文書編纂與研究中心等編，《龍泉司法檔案選編》，北京：中華書局，2012。
27. 海耶克（F. A. Hayek）著，殷海光譯，《到奴役之路》，臺北：桂冠圖書股份有限公司，1990。
28. 馬克斯·韋伯（Max Weber），王容芬譯，《儒教與道教》，北京：商務印書館，2002。
29. 高達觀，《中國家族社會之演變》，上海：正中書局，1944。
30. 常建華，《中華文化通志·宗族志》，上海：上海人民出版社，1998。
31. 梁方仲，《中國歷代戶口、田地、田賦統計》北京，中華書局，2008。
32. 清水盛光著，宋念慈譯，《中國族產制度考》，台北：中華文化出版事業委員會，1956。
33. 許舒（James Hayes），《新界百年史》，香港：中華書局，2016。
34. 陳其南，《家族與社會》，臺北：聯經出版事業公司，1990。
35. 陳翰笙，《解放前的地主與農民——華南農村危機研究》，北京：中國社會科學出版社，1936。
36. 陶希聖，《婚姻與家族》，中國：商務印書館，1934。
37. 華琛、華若璧，《鄉土香港：新界的政治、性別及禮儀》，香港：香港中文大學，2011。
38. 費孝通，《文化的生與死》，上海：上海人民出版社，2013。
39. 費孝通，《鄉土中國》，香港：三聯書店香港分店，1986。
40. 馮爾康、常建華，《清人社會生活》，天津：天津人民出版社，1990。
41. 馮爾康等，《中國宗族社會》，杭州：浙江人民出版社，1994。
42. 黃仁宇，《黃河青山：黃仁宇回憶錄》，台灣：聯經出版事業公司，2001。
43. 黃寬重編，《中國史新論：基層社會分冊》，臺北：中央研究院，2009。
44. 愛德華·希爾斯（Edward Shils）著，傅鏗、呂樂譯，《論傳統》，上海：上海人民出版社，2009。
45. 楊榮國，《中國古代思想史》，北京：人民出版社，1954年。
46. 楊寬，《古史新探》，北京：中華書局，1965。
47. 甄克斯（Edward Jenks），嚴復譯，《社會通詮》，上海：商務印書館，1931。
48. 齊思和，《封建制度與儒家思想》，北京：燕京大學哈佛燕京學社，1937。
49. 劉偉，王洋編，《詩說中國（先秦卷）》，北京：中國大百科全書出版社，2011。
50. 劉華，《中國祠堂的故事》，濟南：山東畫報出版社，2015。
51. 蕭公權，《中國鄉村：論19世紀的帝國控制》，北京：中國人民大學出版社，2014。
52. 錢宗范，《周代宗法制度研究》，廣西：廣西師大出版社，1989。
53. 錢杭，《中國宗族史研究入門》，上海：復旦大學出版社，2009。
54. 錢杭，《中國宗族制度新探》，香港：中華書局，1994。
55. 錢杭，《周代宗法制度史研究》，上海：學林出版社，1991。
56. 錢杭，《宗族的世系學研究》，上海：復旦大學出版社，2011。

57. 錢穆，《中國歷史研究法》，台北：東大圖書股份有限公司，2012。
58. 錢穆，《國史大綱》，台灣：商務印書館，1996。
59. 薛浩然，《香港新界「祖堂」土地問題：歷史、傳統與法理》，香港：利源書報社，2019。
60. 薛浩然，《就如何釋放和綜合利用新界祖堂土地問題之意見書》，香港：利源書報社，2021。
61. 薛鳳旋、鄺智文，《新界鄉議局史》，香港：三聯書店，2011。
62. 薛鳳旋、鄺智文編著，《新界鄉議局史：由租借地到一國兩制》，香港：三聯書店(香港)有限公司，2011。
63. 瞿同祖，《中國法律與中國社會》，北京：中華書局，1981。
64. 瞿同祖，《清代地方政府》，北京：法律出版社，2003。
65. 譚思敏，《香港新界侯族的建構》，香港：中華書局(香港)有限公司，2012。

三、論文

1. 丁山，〈宗法考源〉，《國立中央研究院歷史語言研究所集刊（第4　　本）》，中國：國立中央研究院歷史語言研究所集刊編輯委員會，1934年），第四分，頁399-415。
2. 方方，〈也談宗族復興——論新宗族的現代性〉，《新西部（下旬刊）》，2012年10月期，頁141-146。
3. 王銘銘，〈宗族、社會與國家——對弗里德曼理論的再思考〉，《王銘銘自選集》（桂林：廣西師范大學出版社，2000），頁87。
4. 左雲鵬，〈祠堂族長族權的形成及其作用試說〉，《歷史研究》，1964年5-6期，頁97-116。
5. 李文治，〈中國封建社會土地關系與宗法宗族制〉，《歷史研究》，1989年5期，頁85-99。
6. 李石曾，〈祖宗革命〉，《新世紀》，1907年6月。
7. 李克勤編，《出土文獻（第三輯）》，上海：中西書局，2012，頁78。
8. 李克勤編，《出土文獻（第三輯）》，上海：中西書局，2012。
9. 李裕民，〈北朝家譜研究〉，《譜牒學研究》第3輯，北京：書目文獻出版社，1992。
10. 李達，〈中國社會發展遲滯的原因〉，《文化雜誌》，第二卷第一號。
11. 李學勤，〈關於英國所藏甲骨的幾件事〉，《書品》，1987　年第　2　期。
12. 杜正貞，〈晚清民國時期的祭田輪值糾紛——從浙江龍泉司法檔案看親屬繼承製度的演變〉，《近代史檔案》，2012年第1期。
13. 周紹泉，〈明清徽州祁門善和程氏仁山門族產研究〉，載於《中國譜牒學研究會，譜牒學研究》，中國：文化藝術出版社，1991，頁30。
14. 季家驥，〈宗法今解——兼與楊寬先生商榷〉，《學術月刊》，1982年5期，頁66-69。
15. 林耀華，〈從人類學的觀點考察中國宗族鄉村〉，《社會學界》，第九卷，1936，頁125-142。
16. 金景芳，〈論宗法制度〉，《東北人民大學人文科學學報》，1965年2期，頁203-225。
17. 范兆飛，〈中古早期譜系、譜牒與墓誌關係辨證〉，《中國史研究》，2021年第2期，頁85-104。
18. 唐長孺，《魏晉南北朝史論叢》，中國：商務印書館，2012。
19. 徐磊、劉國慶，〈考證孝堂山漢代題記訂正及新發現〉，《中國書

法》，2019 年第 5 期，頁 178-183。

20. 張秉權，〈中國最早的家譜──牛胛骨上的兒氏族譜〉，載《第三屆亞洲族譜學術研究會會議記錄》，台北：聯經出版事業公司，1987，頁 25-43。

21. 張金光，〈商鞅變法後秦的家庭制度〉，《歷史研究》，1988年6期，頁 74-90。

22. 張研，〈清代縣以下行政區劃〉，《安徽史學》，2009 年第 1 期，頁 5-16。

23. 張澤威，〈譜牒與門閥士族〉，載《南開大學歷史系中國史論集》編輯組編：中國史論集》，天津：天津古籍出版社，1994。

24. 陳獨秀，〈東西民族根本思想之差異〉，《新青年》第一卷，1915年 12月。

25. 曾謇，〈古代宗法社會與儒家思想的發展・中國宗法社會研究導論〉，《食貨半月刊》，第五卷第 7 期，1937。

26. 曾謇，〈周金文中的宗法紀錄〉，《食貨半月刊》，第二卷　　　3 期，1935。

27. 曾謇，〈殷周之際的農業的發達與宗法社會的產生〉，《食貨半月刊》，第二卷 2 期，1935。

28. 童書業，〈論宗法制與封建制的關係──評黃子通"宗法制度與等級制度是不是封建制度的特徵?"〉，《歷史研究》，1957年8期。

29. 黃子通，〈宗法制度與等級制度是不是封建制度的特徵？〉，《北京大學學報（哲學社會科學版）》，1957 年 1 期。

30. 楊升南，〈從殷墟葡辭中的"示""宗"說到商代的宗法制度〉，《中國史研究》，1985 年 3 期。

31. 楊沛艷，〈城鎮化進程中的農村基層治理格局重構──基於村委會與宗族關係的探討〉，《貴州社會科學》，2011 年 7 期，頁 17-20。

32. 葉國慶，〈論西周宗法封建制度的本質〉，《廈門大學學報（哲學社會科學版）》，1956 年 3 期。

33. 劉家和，〈宗法辨疑〉，《北京師範大學學報（社會科學版）》，1987 年 1 期。

34. 潘光旦，〈家譜與宗法〉，《東方雜誌》，第 27 卷 21 期。

35. 鄭光，〈二里頭遺址的發掘──中國考古學上的一個里程碑〉，《夏文化研究論集》，北京：中華書局，1996，頁 67。

36. 賴揚恩，〈宗族復興與農村工業化社會基礎的構建〉，《浙江社會科學》，2003 年 5 期，頁 103-108。

37. 錢杭，〈中國古代世系學研究〉，《歷史研究》，2001：6，頁 3-

38. 錢杭，〈宗族與宗法的歷史特徵──讀呂思勉中國制度史〉，《史林》，1991 年 2 期，頁 34-40。

39. 戴五宏、張先清，〈當代中國宗族復興研究：回顧與反思〉，《晉陽學刊》，2014 年 2 期，頁 9-14。

四、圖片

1. 圖6：〈摩梭人獨特的民族風俗　　走婚橋〉，炎黃風俗網，http://www.fengsuwang.com/minzu/zouhunqiao.asp，擷取日期：2022年12月21日。

2. 圖9：鮑正熙，〈晚清民初蘇州的宗族義莊〉，《江蘇地方志》，2000年4期。

3. 圖10：徐磊、劉國慶，〈考證孝堂山漢代題記訂正及新發現〉，《中國書法》，2019年5期，頁 178-183。

4. 圖11：〈白沙墟頂街：僑鄉廣東江門城市的發源地〉，江門日

報，2015年10月28日。

5.　圖12：青海省博物馆，〈【文旅新聞】省博物館館藏精品——漢三老趙寬碑（六）〉，搜狐網，https://www.sohu.com/a/429595586_120381058，擷取日期：2022年12月22日。

6.　圖13&14：黃國輝：〈"家譜刻辭"研究新證〉，載李克勤編：《出土文獻（第三輯）》。

7.　圖15：玄夫戈，中央研究院歷史文物陳列館，https://museum.sinica.edu.tw/collection/9/item/87/，擷取日期：2022年12月22日。

8.　圖16：張璋，〈歐陽修《譜圖序稿》〉，中國書畫網，http://www.chinashj.com/sh-gdsf/12727.html，擷取日期：2022年12月22日。

9.　圖17：香港新界廈村鄉鄧氏宗祠的聖諭十六條，作者自攝。

10.　圖18：福建螺江陳氏祖訓，作者自攝。

11.　圖19：浙江省人民政府，〈蔣氏故居〉，https://www.zj.gov.cn/art/2020/12/4/art_1229441734_209.html，擷取日期：2022年12月22日。

12.　圖20&21：多維新聞網，〈毛澤東祭祖〉，https://nankaioverseas.net/China/Maozedong/0MaoWorshipAncesters122813.html，擷取日期：2022年12月15日。

13.　圖22：國史館臺灣文獻館，〈圖書〉，https://www.th.gov.tw/epaper/site/page/100/1376，擷取日期：2022年12月25日

14.　圖24：〈"太公分豬肉"原來是順德冬至傳統習俗，今日你收到"太公"的燒豬肉了嗎？〉，《珠江商報》，2016年12月21日。

15.　圖25：王滬寧，《當代中國村落家族文化：對中國社會現代化的一項探索》，頁5。

16.　圖26：林桂榛，〈1960年代山東曲阜《討孔戰報》28輯總目錄〉，https://www.rujiazg.com/article/16035，擷取日期：2022年12月15日。

17.　圖27：〈直觀呈現「界址專條」歷史紀錄　學者籲列界碑為法定古蹟〉，香港商報，2019年10月30日。

18.　圖28：古物古蹟辦事處，〈聚星樓〉，https://www.amo.gov.hk/tc/historic-buildings/monuments/newterritories/monuments_75/index.html，擷取日期：2022年12月22日。

19.　圖29：古物古蹟辦事處，〈屏山文物徑〉，https://www.amo.gov.hk/tc/heritage-trails/ping-shan-heritagetrail/visitors-centre/index.html，擷取日期：2022年12月22日。

20.　圖31：集體官批登記冊，作者自攝。

21.　圖32 & 33：政府檔案處歷史檔案館，〈歷史圖錄〉，https://www.grs.gov.hk/ws/hip/tc/port.html，擷取日期：2022年12月22日。

22.　〈鑄有284字銘文的史墻盤 記載大半個西周史〉，華西都市報》，2022年6月12日。

23.　星球研究所，〈中國的青銅時代，有多震撼？〉，https://baike.baidu.com/tashuo/browse/content?id=afa769b99da3dc41c9cfd73f，擷取日期：2022年11月25日。

24.　寶雞市考古研究所，〈追尋陳倉古國（六）——邢、井兩國一家親〉，https://www.bjskgyjs.com/m/view.php?aid=389，擷取日期：2022年11月25日

中國宗族制度——兼論香港新界的祖堂

出 版: 喬木堂
　　　香港新界荃灣灰窰角街28號美德大廈3A樓D&E室

作 者: 薛浩然

責任編輯: 劉淑芬

封面設計: 梅釗妍

製作: 書作坊出版社

發 行: 利源書報社
　　　香港新界大埔汀麗路33號中華商印刷大廈三樓
　　　Tel: 2381 8251　Fax: 2397 1519
　　　E-mail: lysalted@netvigator.com

版 次: 2023年3月初版

國際書號／ISBN：978-988-78679-7-5

定 價: HK$250